与法同行丛书

青少年法律知识手册

本书编写组◎编

YUFA TONGXING
CONGSHU

U0701809

世界图书出版公司
广州·北京·上海·西安

图书在版编目（CIP）数据

青少年法律知识手册/《青少年法律知识手册》编
写组编．—广州：广东世界图书出版公司，2010.10（2024.2 重印）
ISBN 978 - 7 - 5100 - 2868 - 7

Ⅰ．①青… Ⅱ．①青… Ⅲ．①法律 - 中国 - 青少年读
物 Ⅳ．①D92 - 49

中国版本图书馆 CIP 数据核字（2010）第 196604 号

书　　名	青少年法律知识手册
	QINGSHAONIAN FALV ZHISHI SHOUCE
编　　者	《青少年法律知识手册》编写组
责任编辑	冯彦庄
装帧设计	三棵树设计工作组
出版发行	世界图书出版有限公司　世界图书出版广东有限公司
地　　址	广州市海珠区新港西路大江冲 25 号
邮　　编	510300
电　　话	020–84452179
网　　址	http://www.gdst.com.cn
邮　　箱	wpc_gdst@163.com
经　　销	新华书店
印　　刷	唐山富达印务有限公司
开　　本	787mm × 1092mm　1/16
印　　张	10
字　　数	120 千字
版　　次	2010 年 10 月第 1 版　2024 年 2 月第 10 次印刷
国际书号	ISBN　978-7-5100-2868-7
定　　价	48.00 元

前　言

　　我们生活在法制社会里。法律和每个人的生活都息息相关。学习法律，掌握法律知识是每个公民必备的素质之一。

　　常言道："没有规矩不成方圆。"法律就是调整人们行为的"规矩"。随着社会的发展，法律的作用愈来愈重要，与人们生产生活的关系也愈来愈密切。在一定意义上说，市场经济就是法制经济。在对外交往中，法律也是调整国与国之间关系的重要社会规范。作为21世纪主人的青少年，学习、掌握必要的法律知识，是实现跨世纪宏伟蓝图、振兴中华的需要，也是维护人类和平、促进世界发展的需要。

　　青少年是祖国的未来。党和政府历来十分重视少年儿童的法制教育。广大中小学生正处于长身体、长知识的时期，大家除了努力学习语文、数学、物理、化学等基础知识以外，还应认真地学习法律知识。

　　从个人的角度来讲，中小学生的身体和心智发育都不成熟，既容易受到来自社会各方面的侵害，也容易在冲动的驱使下，对社会和他人造成侵害。所以，中小学生学习法律知识，既是依法律己、依法办事的需要，也是依法维护合法权益、依法同违法犯罪作斗争的需要。

　　从社会发展的角度来说，中小学生是未来社会的主人翁，依法治国、建设和谐社会的历史重任即将落在中小学生的肩上。所以，广大中小学生学习法律知识也是建设和谐社会、推动社会进步的需要。

　　因此，我们组织编写了这本《青少年法律知识手册》。本书既介绍了什么是法律，法律是怎么来的等法律的一般原理，也介绍了《宪法》、《刑法》、《民法》、《婚姻法》、《经济法》、《诉讼法》、《国际法》和《未成年人保护法》等法律的基础知识。总之，我们在编写本书的过程中，始终坚持深入浅出的原则，采用通俗易懂的语言，尽可能多地向广大中小学生介绍与生活、学习和工作息息相关的各种法律知识。

　　为了增加本书的可读性与趣味性，我们在介绍法律基础知识的同时，还在其中穿插了一些生动、有趣的案例。

　　我们希望，广大中小学生在阅读本书的过程中既可以学到有用的知识，也会收获到一份快乐。

目　　录

法律知识篇

中国的宪法与国家性质 ………… 1

在法律面前人人平等 …………… 2

刑事责任的年龄与能力 ………… 3

培养青少年法律意识 …………… 5

权益保护篇

对青少年的关心保护 …………… 9

法律重点保护青少年 …………… 11

青少年保护法律体系 …………… 14

运用法律手段保护自己 ………… 17

《中华人民共和国未成年人
　保护法》 ……………………… 20

未成年人的家庭保护 …………… 21

未成年人的学校保护 …………… 22

未成年人的社会保护 …………… 23

未成年人的司法保护 …………… 24

未成年人的法律责任 …………… 25

《中华人民共和国预防未成年人
　犯罪法》 ……………………… 27

《国家教委办公厅关于在中小学加强

禁毒预防性教育的意见》 …… 35

《中华人民共和国婚姻法》
　（节录） ……………………… 36

《中华人民共和国继承法》
　（节录） ……………………… 37

《中华人民共和国劳动法》
　（节录） ……………………… 37

《中华人民共和国收养法》 …… 38

联合国及相关国际组织有关青少年
　权益保护的法律、法规 ……… 42

我国青少年法律与权益保护制度的
　发展 ………………………… 55

我国有关青少年权益保护的
　政策 ………………………… 62

《未成年工特殊保护规定》 …… 76

《中国人民保险公司关于印发＜学
　生幼儿住院医疗保险条款＞的
　通知》 ……………………… 79

附：《中国人民保险公司学生、
　幼儿住院医疗保险条款》 …… 80

附：《中国人民保险公司关于学
　生、幼儿住院医疗保险条款的

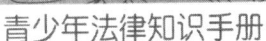

说明》 ················· 83

《劳动和社会保障部办公厅对
　＜关于童工问题的请示＞的
　复函》 ··············· 86

《最高人民法院关于严厉打击侵害
　未成年人犯罪活动依法保障未成
　年人合法权益的通知》 ········ 86

教育法律法规篇

《中华人民共和国教育法》 ····· 89

《中华人民共和国义务教育法
　（修订)》 ············· 99

《中华人民共和国义务教育法实
　施细则》 ············· 107

《国家教委办公厅关于中小学女生
　被拐卖情况严重的通报》 ····· 114

刑法法规篇

《联合国少年司法最低限度标准
　规则》(《北京规则》) ········ 116

《最高人民法院关于已满 14 岁不满
　16 岁的人过失致人重伤是否应
　负刑事责任的批复》 ········ 135

《最高人民法院关于办理少年刑事
　案件的若干规定（试行)》 ····· 136

《最高人民法院关于已满 14 岁不满
　16 岁的人犯走私、贩卖、运输、
　制造毒品罪应当如何适用法律
　问题的批复》 ··········· 142

《中国审理未成年人刑事案件的
　司法制度》（节选） ········· 143

最高人民法院《关于办理未成年人
　刑事案件适用法律的若干问题的
　解释》 ··············· 146

《公安机关办理未成年人违法犯罪
　案件的规定》 ··········· 149

《最高人民法院、司法部关于
　刑事法律援助工作的联合
　通知》 ··············· 153

法律知识篇

中国的宪法与国家性质

1949 年新中国成立后，我国曾颁布过一部起临时宪法作用的《共同纲领》和 4 部《宪法》。60 多年以来，由于我国不同时期阶级关系的变化，使得这几部《宪法》在对国家性质的表述上也有着不同的变化。

1949 年制定的《共同纲领》第 1 条规定：中华人民共和国实行"工人阶级领导的、以工农联盟为基础的、团结各民主阶级和国内各民族的人民民主专政"。实际上它确认的人民民主专政是中国工人阶级、农民阶级、小资产阶级、民族资产阶级及其他爱国民主分子的人民民主统一战线的政权。

《共同纲领》对国体的规定，正确和鲜明地反映了当时我国从新民主主义向社会主义过渡初期的社会各阶级的关系状况。

1954 年，我国进入了社会主义改造和建设的新时期，社会各阶级关系有了新的变化，人民民主专政也有了新的性质。在同年 9 月第一届全国人民代表大会上，通过并颁布了我国第一部宪法。

1954 年《宪法》规定："中华人民共和国是工人阶级领导的以工农联盟为基础的人民民主国家。"这里所表述的"人民民主"实际上与人民民主专政的含义是一致的，其民主是一种更为广泛的民主，民主的主体不仅包括了工农劳动人民，还包括了"可以合作的非劳动人民"，即民族资产阶级。

专政的对象也不是全体资产阶级，而是官僚资产阶级。可以说，第一部宪法所确认的政权是一个"中国共产党领导的各民主阶级、各民主党派、各人民团体的广泛的人民民主统一战线"的新政权。

1975 年制定第二部《宪法》时，由于人们主观上对阶级斗争的错误认

· 1 ·

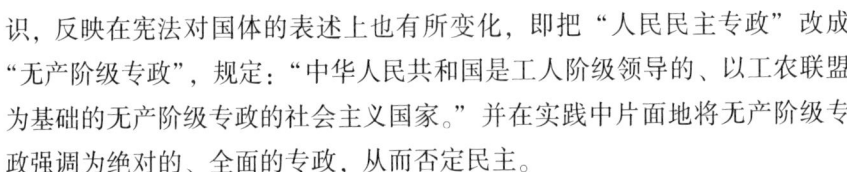

识，反映在宪法对国体的表述上也有所变化，即把"人民民主专政"改成"无产阶级专政"，规定："中华人民共和国是工人阶级领导的、以工农联盟为基础的无产阶级专政的社会主义国家。"并在实践中片面地将无产阶级专政强调为绝对的、全面的专政，从而否定民主。

1978年第三部《宪法》对国家性质的表述与1975年宪法相同，反映出这部宪法在内容上不完善，仍不能适应新的历史时期的需要。

现行的1982年《宪法》对我国的国体明确规定："中华人民共和国是工人阶级领导的、以工农联盟为基础的人民民主专政的社会主义国家。"它准确地表明了我国对广大人民实行民主，对少数敌对分子实行专政的国家政权，反映了我国社会各阶级在国家中的地位。

在法律面前人人平等

所有公民在法律面前平等的原则，是资产阶级在反对封建等级制度和封建贵族特权的斗争中提出来的。这一原则在资产阶级取得国家政权之后，被用法律的形式规定了下来。最早确认这一原则的是法国1789年的《人权宣言》。

《人权宣言》规定："法律对于所有的人，无论是施行保护和处罚都是一样的。在法律面前，所有的公民都是平等的。"以后，一些其他资本主义国家，也都在宪法中肯定了这一原则。在资本主义宪法中，这项原则的含义包括3个方面：

1. 公民在立法上平等；
2. 公民在适用法律上平等；
3. 公民在守法上平等。

一些资本主义国家还建立了保障权利平等的控诉制度，包括个人控诉、团体控诉和政党控诉。所谓个人控诉，即任何一个平等权利受到侵犯的公民，都可以依照本国法律制度所公认的程序，向有关法院提出救济的要求。例如，在美国以及在加拿大等英联邦国家，公民有权对违反平等原则的立法和行政行为加以审查。

在有关行政法规的案件中，如果某个公民的权利遭到了侵害，法国的行政法院、英国行政裁判所、美国独立管理机构有可能受理他的案件。

在资本主义国家里，一般的通例是团体不能为其成员的个人利益或集体利益抗辩。但"职工会"却是例外。在西方国家，职工会具有一种特殊的法律地位，它有权签订集体合同，并有权以劳工的名义进行诉讼，这就是所谓的团体控诉。

第三种控诉为政党控诉。平等原则不仅涉及一般的团体，也涉及政治团体，如政党的利益，凡平等权利受到损害或破坏的政党，有权提出控诉。在美国和德国，平等保护原则被认为是"民主政治"不可缺少的因素，司法机关也要发挥它应有的保护作用。在德国，由于给予各政党补助金和广播电视节目时间的分配问题引起的诉讼，就是政党诉讼。

西方国家法律确认权利平等，同封建国家特权专制以及同法西斯国家独裁统治相比，确实是一种进步。但就权利平等的本质而论，仍然属于资本主义类型，它同资产阶级民主原则一样，都是资本主义经济关系在法律上的反映，是以事实上的不平等为前提的。富人与穷人之间、剥削者与被剥削者之间的根本对立，决定了西方国家权利平等的局限性和虚伪性。

我国《宪法》在"公民的基本权利和义务"一章中，首先明确规定了公民在法律面前一律平等，它的含义是指：

1. 我国公民不分民族、种族、性别、职业、家庭出身、宗教信仰、财产状况、居住期限，都一律平等地享有宪法和法律规定的权利，也都有平等地履行宪法和法律规定的义务；

2. 公民的合法权益都一律平等地受到保护，对违法行为一律依法予以追究，决不允许任何违法犯罪分子逍遥法外；

3. 在法律面前，不允许任何公民享有法律以外的特权，任何人不得强迫公民承担法律以外的义务，不得使公民受到法律以外的处罚。

就广义而言，我国公民的平等权还包括民族平等、男女平等，它们和公民在法律面前一律平等既有联系，又有区别。民族平等和男女平等的含义更为广泛，不仅包括在法律面前一律平等，即不能因民族和性别的不同而获得法律以外的特权，也不能作为限制权利的借口使公民受到歧视；而且还包括经济、政治、社会、家庭等方面的平等。

刑事责任的年龄与能力

一个刚刚年满13周岁的张某放火烧毁了价值100万元的棉花仓库；精

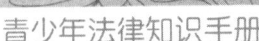

神病患者李某用刀砍伤了别人。但是，司法机关却并没有对张某与李某追究刑事责任。这是为什么呢？

因为，根据我国《刑法》规定，并不是任何人的严重危害社会的行为都是犯罪，只有当实施危害行为的人达到了法定年龄，并且具有责任能力时，他的行为才构成犯罪，才可追究刑事责任。前述两个案例中的张某与李某之所以没有被追究刑事责任，正是因为他们没达到刑事责任年龄或不具备刑事责任能力。

那么，我国《刑法》对刑事责任年龄与刑事责任能力是如何规定的呢？《刑法》第14条、第15条对此作了明确规定。在责任年龄的规定上，我国《刑法》规定了4点：

第一，不满14岁的人实施危害社会的行为，不负刑事责任。这是因为，不满14岁的少年儿童由于生理发育与所受教育的限制，他们还不具备辨别是非善恶的能力，还不能认识和控制自己的行为，国家出于对他们的特殊保护才不追究他们的刑事责任，而改由其他方法加以管教。

第二，已满14岁不满16岁的人，犯故意杀人、故意伤害致人重伤、抢劫、放火、惯窃或者其他严重破坏社会秩序罪的，应当负刑事责任。因为这一年龄段的人虽然同成年人相比在认识能力和控制能力方面还有一定差距，但他们已经具备相当的认识与控制能力，所以，国家要求他们对自己的某些严重危害社会的行为负责，这是科学的、合理的。

第三，已满16岁的人实施危害社会行为的，就应当承担法律责任。因为年满16岁的人智力与体力均已有相当发展，并已趋成熟，他们应该具有辨认和控制自己行为的能力，因而对自己所实施的犯罪行为应该负全部刑事责任。

第四，已满14岁但不满18岁的人犯罪的，应当从轻或减轻处罚。这是因为，这一年龄段的人虽然有一定认识和控制自己行为的能力，但他们毕竟尚未成年，他们的心理和情感还较脆弱，为了更好地教育和挽救他们，我国《刑法》才有这一规定。

关于责任能力，又称刑事责任能力，是指一个人辨认和控制自己行为的能力。责任能力与责任年龄密不可分。世界各国的通常做法是：当一个人到了一定年龄，如果他不存在某种医学上或心理学上的特殊情况（如患有精神病等），法律上便推定他具有责任能力。我国《刑法》规定，只要一个理智健全的人满了16岁，他就被认定为具备了完全责任能力。

应当指出，对那些没达到刑事责任年龄或不具备责任能力的人所实施的危害行为不追究刑事责任，并不意味着对他们可以放任不管。根据我国有关法律规定，对这类人员所实施的危害行为一般是以非刑罚的方法加以管束，如收容教养、责令其监护人严加管教，等等。

培养青少年法律意识

一、法律意识的内涵

法律意识是社会意识的一种特殊形式，是人们关于法律和法律现象的思想、观点、知识和心理的总称。它表现为探索法律现象的各种学说，对现行法律的评价和解释，人们的法律动机（法律要求），对自己权利和义务的认识（法律感），对法、法律制度的了解、掌握、运用的程度以及对行为是否合法的评价等等。

法律意识属于历史范畴，具有明显的阶级性和政治性。法律意识也属于法律文化范畴，它是人类法律实践活动的精神成果，包含着人类在认识法律现象方面的世界观、方法论、思维方式、观念模式、情感、思想和期望，蕴涵着个人及群体的法律认知、法律情感、法律评价。法律意识不是自发形成的，它是人们在社会生活学习和自觉培养的结果，也是法律文化传统潜移默化的影响的结果。

二、对青少年进行法律意识培养的必要性、紧迫性

青少年是一个从年龄上讲横跨少年和成年的群体，他们既有青年人的朝气，又有少年的稚气。他们一方面思维逐步走向成熟，另一方面充满青春的躁动和思想的波动。他们渴望了解和认识这个丰富多彩然而纷繁复杂的大千世界，也渴望融入社会并得到社会的理解。他们对世界因好奇而不免有时盲从、盲动。外界隐藏在美丽外表下的诱惑，社会转型时期产生的各种阴暗现象，常常使他们在困惑、迷惑中随波逐流，甚至于在不知不觉中受到伤害。那么，如何去引导和规范青少年的思想和行为，提供维护他们合法权利的方式、方法？我们怎样才能帮助他们去学习法律知识进而形成基本的法律意识，培养他们对法律规范的内在信仰从而自觉遵守，遏制

住日益严重的青少年违法犯罪及针对青少年的犯罪？在依法治国、建设社会主义法治国家的今天，专业法律人士就应该去思考并试图解决这些问题。

三、培养青少年基本法律意识的主要途径

1. 通过学习《治安管理处罚条例》（以下简称《条例》）、《刑法》，灌输基本法律规范，帮助青少年初步形成守法观念和法律信仰。

《条例》是对有轻微违法的行为的人进行行政处理的行政性行为规范，《刑法》是对构成犯罪的人进行刑事处罚的刑事法律规范。两者的共同点是对违法犯罪的人追究责任，只不过《条例》和《刑法》所针对的行使处罚权的部门及程序、处罚对象、违法的轻重程度、处罚的轻重程度不同而已。通过学习《条例》和《刑法》，青少年可以初步认识和区分什么是违法行为，什么是合法行为，哪些行为是法律、法规禁止的，哪些行为又是法律、法规准许乃至鼓励的。不但要灌输理论知识，而且应从身边人、身边事上着手分析，针对青少年的年龄、特点从鲜活的日常生活中总结、提炼典型案例，让其自我教育，明辨是非，理论密切联系实际，有的放矢地预防和减少青少年违法、犯罪，教育学生如何应对处理别人的违法、犯罪行为，怎样避免和减轻不必要的伤害，怎样更好地保护自己和他人的合法权益，达到一般预防和维护青少年权利的双重目的。

2. 通过对《宪法》的学习，促进青少年权利意识的形成。

权利文化是与人道主义文化、科技文化一起构成当今世界三大文化主流的文化之一。权利文化的核心是权利本位的理论。权利本位的思想有 2 大内涵：

①它是解决公民和国家主体关系的理论。主仆型文化产生义务本位。在这种本位中，国家主宰一切，公民只有无条件服从的义务。权利本位则不然，它把公民对国家的关系颠倒过来，认为公民有权主宰国家，国家以保证公民主人地位的获得为绝对义务。

②它是解决权利与权力互动关系的理论。国家权力的行使以公民创设权利的实现条件为目的，权力的行使如果背离了公民权利得到保障的宗旨，权力便会得到改造。国家权力以公民权利为运行界限，而两者界限由法律明定之。权利本位思想的实质是个人权利的实定化和义务的相对化。在这种文化的熏陶下，人与国家具有 3 种关系，即义务领域里的服从、自由领域里的排斥、权利领域里的依靠和参与，于是就产生社会和谐。

权利文化的形成有赖于公民的权利意识的勃发。所以培养公民的权利意识必须从小着手进行。而青少年公民的权利意识则必须通过对宪法的学习，树立宪法至高无上、宪法是公民权利的保障书这一基本的观念。我们不仅要让青少年知道宪法是国家的根本大法：在内容上，宪法规定国家的最根本、最重要的问题；在法律效力上，宪法的法律效力最高；在制定和修改的程序上，宪法比其他法律更加严格。我们更应让青少年懂得宪法是公民权利的保障书。众所周知，宪法是安邦治国的总章程，但这一结论却主要是就国家管理的角度而言，因而与宪法的核心价值取向并不完全统一；事实上，宪法最主要、最核心的价值在于它是公民权利的保障书。

1789 年法国《人权宣言》中就明确宣布，凡权利无保障和分权未确立的社会就没有宪法。列宁也曾指出：宪法就是一张写着人民权利的纸。故由此可知，宪法与公民权利之间存在着极为密切的联系，而且，这也可以从宪法的发展历史和宪法的基本内容中得到证明。

从历史上看，宪法或者宪法性文件最早是资产阶级在反对封建专制的斗争中，为了确认取得的权利，以巩固胜利成果而制定出来的。从宪法的基本内容来看，尽管作为国家根本法的宪法涉及国家生活的各个方面，但其基本内容仍然可以分为两部分，即国家权力的正确行使和公民权利的有效保障。然而，这两部分并非地位平行的，就二者的关系而言，公民权利的有效保障居于支配地位。

因此，青少年就可以理解到：宪法不仅是系统全面地规定公民基本权利的法律部门，而且其基本出发点就在于保障公民的权利和自由。

3. 学习《民法》，促进平等和契约观念（诚实信用）的形成。

人人平等和遵守契约观念的形成必须依赖于对《民法》的学习。民法起源于简单商品经济获得相当发展的古代罗马社会。经过人类历史演进的熏陶，民法逐渐成为调整各国不同社会形态下的与商品经济相适应的财产关系和人身关系的基本法律规范。

从本质上讲，民法就是把一定社会里商品经济发展的客观要求直接上升为法律规范。《中华人民共和国民法通则》规定：中华人民共和国民法调整平等主体的公民之间、法人之间以及公民和法人之间的财产关系和人身关系。可见，民法一个重要的特点是：民事法律关系主体地位的平等性。平等的主体在商品生产和交换的过程中，要取得对方的财产就必须支付相应对价，体现等价有偿的原则。

公民、法人的合法的民事权益要受以民法为主的法律的保护，而保护的一个重要途径是民事主体间签订合法、有效的契约（即合同）。契约各方在自愿的原则下按自己的意愿依法设立、变更、终止民事权利、义务。契约必须遵守，契约即是交易各方间必须遵守的"法律"，这也是公平原则和诚信原则的体现。通过学习，我们的青少年将更好地理解和树立"法律面前人人平等"、"契约必须遵守"的平等、守约思想。

4. 清除旧的"厌讼"观念的不良影响，强化诉讼意识，树立新型的诉讼观念。

中国传统的法律思想是"刑治主义"，同时法律规范是"礼法合一"，法律精神的原则是"宗法伦理"。所以从古至今，基于"性善"、"天人合一"的理念，人们普遍认为教育是可行的，争讼则是可以避免的。

孔子在《论语》中说"听讼，吾犹人也，必也使无讼乎"，大意就是说他接受人们的讼案后，并不立即进行审理，而是采取拖延的策略，让人进行自我反省、自我教育，以达到无讼的目的。因此，中国长期以来人们认为争讼是对自然秩序的破坏。相反，没有争讼的社会才是理想、和谐的社会，这一观念在中国人中可谓根深蒂固，人们不愿诉讼，极力避开诉讼。

即使到现在，有些人仍然把"打官司"，特别是"当被告"看作是一件不光彩的事情。一般地，亲人、朋友间如果走进法庭，将矛盾、争议诉诸法律，无论是外界人士眼中还是事实上，亲情、友情必定荡然无存。

我们就是要从学习《民事诉讼法》、《行政诉讼法》等诉讼法律入手，着重在受传统"厌讼"思想影响较少的青少年中更新陈旧的诉讼观念。在我们看来，诉讼不过是使受损害的权益得到救济的一种常用手段而已。即使是亲友"对簿公堂"也不是撕开脸皮，抛开情理，而是一种让争端在公开、公平的前提条件下谋求来自第三方独立公正地加以解决争端的解决机制，比之以前的私人调解、裁决等私力救济更加文明和进步。

我们要教育青少年将为保护自身和他人的合法权益而进行的诉讼视作一种权利，以及捍卫这种权利的正当行为；鼓励青少年为了自己和他人的合法权益，在现在和将来的社会实际生活中大胆地运用法律的武器，及时充分地利用诉讼权利，维护合法权益，未雨绸缪或者亡羊补牢。

权益保护篇

对青少年的关心保护

古往今来，世界上没有什么比生命更宝贵，人世间没有什么比保护孩子更神圣。虽然世界上许多国家的社会制度不同，文化价值观念各异，但在保护未成年人这一问题上却取得了共识。1989 年 11 月，联合国通过了《儿童权利公约》，用法律保护青少年健康成长已成为世界潮流。

我国于 1991 年 9 月 4 日通过的《中华人民共和国未成年人保护法》正是汇成这一潮流的一条欢快的小溪，它满载着党和国家的关怀和期望，满载着亿万成年人的爱护和承诺，使荡漾其间的亿万未成年人沐浴着理性的光芒，驶向更灿烂的明天。

在我国，未成年人是指未满 18 周岁的公民，包括 18 周岁以下的青年、少年、幼儿和婴儿。我国的青少年是一个人数众多的特殊群体。据统计，2008 年我国 18 周岁以下的未成年人约 3.7 亿，占全国人口的 1/4 以上。他们是我们国家各项社会主义现代化建设事业的预备队。

青少年是祖国的未来和希望，他们的今天将是祖国的明天。一个国家的发展，一个民族的兴旺，很大程度取决于一代又一代的青少年健康成长和奋发有为。因此，关心和保护未成年人，使之健康成长的任务变得尤为艰巨和重要，因为这已不仅仅是关系到广大未成年人的切身利益，而且关系到社会各个方面，涉及千家万户，关系到祖国的前途和命运，是一项保证社会主义事业后继有人的百年大计。

社会主义事业任重而道远，要求青少年具备良好的品德、智力和健康体魄，成为有理想、有道德、有文化、有纪律，富于创造精神，具有民主意识，能够适应不断改革开放新环境的社会主义新人。为此，党和国家历来高度重视为未成年人提供有利健康成长的环境和条件。比如，我国除了办幼儿园、学校外，还在各地建立少年宫、少年之家、儿童乐园、儿童公园、儿童剧场、儿童医院以及青少年剧团、出版社、报社等；有成千上万的成年人常年从事青少年服务工作，这些成就都是有目共睹的。

然而也必须看到，我国青少年生存和发展的社会环境并不令人乐观。未成年人正处在身、心的发育期。在生理上，他们的机体逐渐强健，生理特征逐渐突出。在心理上，他们开始由依赖向独立转化，但又极易出现反复，性格特征逐步形成，但意志品质尚未定型，可塑性大。在生活上，他们缺乏独立的生活能力和正确处理事务的能力。在对事务的认识上，他们是非界限比较模糊，盲目性、模仿性较强。由于未成年人生理、心理尚未成熟，社会阅历浅，是非辨别能力差，精力充沛且富冒险精神，在各种犯罪诱因面前缺乏抵抗力，往往成为一些犯罪分子利用的对象，甚至最终也沦为罪犯。

大家都知道，未成年人是相对于成年人而言的，与成年人相比，未成年人有2个显著的特点：①就自然状况来说，其身心发育均不成熟，实际行为能力不健全；②就法律地位而言，世界各国在法律上，对未成年人一般规定不具有完全权利和完全责任。这些特点决定了未成年人必须依赖于成年人的帮助，才能完成生长发育的自然过程和心智健康发展的社会心理过程。同时也决定了未成年人可能遭到的伤害也主要来自成年人的世界，并实际地处于成年人世界的控制之下。因此国家要对未成年人的健康成长采取特殊的保护措施，要采用政治、经济、法律、文化、行政、道德等多种手段，调动全社会的力量，为未成年人创造健康成长的良好环境。尤其要重视法律手段，制定和完善未成年人保护的法律、法规，使国家在运用各种手段保护未成年人健康成长时，能够有法可依。

我国政府一直强调儿童是我们的希望和未来，要用"十年树木，百年树人"的精神，按照德、智、体全面发展的要求，把我国儿童培养成为具有社会主义觉悟的、有文化的劳动者。我国《宪法》庄严地规定："国家培养青年、少年、儿童在品德、智力、体质等方面全面发展。"根据宪法的这个原则，我国的行政法律、民事法律、刑事法律等从各个不同方面具体规定了对儿童各项权利的保护。然而，这些分散的规定远远不能担负保护未成年人的重任。

因此，我国立法机关于1992年1月1日颁布实施了《中华人民共和国未成年人保护法》。这是中国立法史上前所未有的专门保护青少年的法律。从此，中国近4亿未成年人将在家庭保护、学校保护、社会保护、司法保护4个"保护神"的精心培育和呵护下，茁壮成长。

法律重点保护青少年

中小学生绝大多数都属于未成年人。为保护未成年人的身心健康，保障未成年人的合法权益，促进未成年人在品德、智力、体质等方面全面发展，中华人民共和国第七届全国人大常委会第二十一次会议于1991年9月4日通过并公布了《中华人民共和国未成年人保护法》，自1992年1月1日起施行。它是我国第一部保护未成年人的专门法律，其适用对象为未满18周岁的未成年人。该法共56条，分为总则、家庭保护、学校保护、社会保护、司法保护、法律责任和附则共7章；主要内容是包括未成年人保护工作应遵循的原则，家庭保护、学校保护、社会保护、司法保护、法律责任等方面内容。

关于未成年人保护工作应遵循的原则，该法从4个方面加以规定，强调应保障未成年人的合法权益；尊重未成年人的人格尊严；适应未成年人身心发展的特点；教育与保护相结合。

该法的重点是青少年权益保护，其中从积极方面规定了家庭保护、学校保护、社会保护、司法保护等4种保护方式，从消极方面则规定了行政责任、刑事责任、民事责任等3种法律责任，对青少年保护作出了详细的规定。

根据相关法律规定，家庭在保护未成年人权利方面的主要义务有以下几个方面：

第一，未成年人的抚养。父母或者其他监护人应当依法履行对未成年人的监护职责和抚养义务，不得虐待、遗弃未成年人；不得歧视女性未成年人或者有残疾的未成年人；禁止溺婴、弃婴。

第二，未成年人的教育。父母或者其他监护人应当尊重未成年人接受教育的权利，必须使适龄未成年人按照规定接受义务教育，不得使在校接受义务教育的未成年人辍学。父母或者其他监护人应当以健康的思想、品行和适当的方法教育未成年人，引导未成年人进行有益身心健康的活动，预防和制止未成年人吸烟、酗酒、流浪以及聚赌、吸毒、卖淫。

第三，基本权利的保护。父母或者其他监护人不得允许或者迫使未成年人结婚，不得为未成年人订立婚约。

父母或者其他监护人不履行监护职责或侵害被监护的未成年人的合法权益的，应当依法承担责任或由法院撤销其监护人的资格，另行确定监护人。

学校、幼儿园对未成年人的保护方法可以分为以下几个方面：

第一，学校和幼儿园应全面贯彻国家的教育方针，做好教育、保育工作。对未成年学生和幼儿进行德育、智育、体育、美育、劳动教育以及社会生活指导和青春期教育，促使他们在体质、智力、品德等方面和谐发展。学校应当关心、爱护学生；对品行有缺点、学习有困难的学生，应当耐心教育、帮助，不得歧视。

第二，保障未成年人的受教育权。学校应尊重未成年学生的受教育权，不得随意开除未成年学生；任何组织和个人不得扰乱教学秩序，不得侵占破坏学校的场地、房屋和设备。

第三，保护未成年人的人格。学校、幼儿园的教职员应当尊重未成年人的人格尊严，不得对未成年学生和儿童实施体罚、变相体罚或者其他侮辱人格尊严的行为。

第四，保障未成年人的人身权。学校不得使未成年学生在危及人身安全、健康的校舍和其他教学设施中活动。学校和幼儿园安排未成年学生和儿童参加集会、文化娱乐、社会实践等集体活动，应当有利于未成年人的健康成长，防止发生人身安全事故。

按照国家有关规定送工读学校接受义务教育的未成年人，工读学校应当对其进行思想教育、文化教育、劳动技术教育和职业教育。工读学校的教职员应当关心、爱护、尊重学生，不得歧视、厌弃。

国家和社会为保证未成年人身心健康发展而应当采取的措施包括以下几个方面：

第一，文化保护。具体来说，文化保护就是博物馆、纪念馆、科技馆、文化馆、影剧院、体育场（馆）、动物园、公园等场所，应当对中小学生优惠开放。营业性舞厅等不适宜未成年人活动的场所，有关主管部门和经营者应当采取措施，不得允许未成年人进入。严禁任何组织和个人向未成年人出售、出租或者以其他方式传播淫秽、暴力、凶杀、恐怖等毒害未成年人的图书、报刊、音像制品。

第二，身心健康保护。具体来说，身心健康保护是指儿童食品、玩具、用具和游乐设施不得有害于儿童的安全和健康；任何人不得在中小学、幼儿园、托儿所的教室、寝室、活动室和其他未成年人集中活动的室内吸烟；卫生部门和学校应当为未成年人提供必要的卫生保健条件，做好预防疾病工作；卫生部门应当对儿童实行预防接种证制度，积极防治儿童常见病、多发病，加强对传染病防治工作的监督管理和对托儿所、幼儿园卫生保健的业务指导。对流浪乞讨或者离家出走的未成年人，民政部门或者其他有关部门应当负责交送其父母或者其他监护人；暂时无法查明其父母或者其他监护人的，由民政部门设立的儿童福利机构收容抚养。

第三，基本权利保护。具体来说，国家和社会对未成年人的基本权利保护是指任何组织和个人不得披露未成年人的个人隐私。对未成年人的信件，任何组织和个人不得隐匿、毁弃；除因追查犯罪的需要由公安机关或者人民检察院依照法律规定的程序进行检查，或者对无行为能力的未成年人的信件由其父母或者其他监护人代为开拆外，任何组织或者个人不得开拆；国家依法保护未成年人的智力成果和荣誉权不受侵犯；对有特殊天赋或者有突出成就的未成年人，国家、社会、家庭和学校应当为他们的健康发展创造有利条件。

第四，劳动就业保护。劳动就业保护包括2个方面的内容：①任何组织和个人不得招用未满16周岁的未成年人，国家另有规定的除外。任何组织和个人依照国家有关规定招收已满16周岁未满18周岁的未成年人的，应当在工种、劳动时间、劳动强度和保护措施等方面执行国家有关规定，不得安排其从事过重、有毒、有害的劳动或者危险作业。②未成年人已经受完规定年限的义务教育不再升学的，政府有关部门和社会团体、企业事业组织应当根据实际情况，对他们进行职业技术培训，为他们创造劳动就业条件。

法律还规定了对未成年人的司法保护。对未成年人司法保护的基本原则是，对违法犯罪的未成年人实行教育、感化、挽救的方针，坚持教育为主、惩罚为辅的原则。

青少年保护法律体系

现在，我国对青少年保护已形成了以《中华人民共和国宪法》为依据，以《中华人民共和国未成年人保护法》为主体，以《中华人民共和国预防未成年人犯罪法》、《最高人民法院关于审理未成年人刑事案件的若干规定》及地方各级有关未成年人保护的规范性文件等为基本构成的未成年人保护法律体系。

我们先来看宪法。宪法是国家的根本大法，具有最高的法律效力。它规定国家政治、经济和社会制度的基本原则，公民的基本权利和义务、国家机关的组织与活动原则等有关国家和社会生活的最根本最重要的社会关系。宪法是"母法"，是其他一切法律、法规、规章的源头，一切法律、行政法规和地方性法规都不得同宪法相抵触。全国各族人民、一切国家机关和武装力量、各政党和各社会团体、各企业事业单位，都必须以宪法为根本的活动准则。

我国《宪法》中有关青少年教育、保护的规定在第一章总纲和第二章公民的基本权利和义务中都有体现，归纳起来有以下内容：

1. 关于发展教育事业及其具体措施的规定。《宪法》提出国家要发展社会主义的教育事业，同时还规定了各种具体措施，包括：通过兴办各类学校和实行正规教育来发展教育事业；加强成人教育；采取多种形式和途径办学；推广普通话。

2. 关于公民有受教育的权利和义务的规定。受教育的主要形式有学校教育、社会教育、成人教育自学等形式。

教育的内容包括：学龄前教育、初等教育、审等教育、高等教育以及职业教育等。对于未成年人来说，它有 3 方面的含义：学习的权利，即儿童和少年享有接受教育并通过学习在智力和品德等方面得到发展的权利；义务教育的无偿化，根据《义务教育法》的规定，国家对接受教育的学生免收学费，并设立助学金，帮助贫困学生就学；教育的机会均等，未成年人不得在教育上受到不平等的对待，我国《义务教育法》第 9 条第 2 款规定："公民不分民族、种族、性别、财产状况、宗教信仰等，依法享有平等的受教育机会。"

此外，第 10 条还明确规定国家扶持各少数民族地区发展教育事业以及扶持和发展残疾人教育事业。

受教育的义务是指公民在一定形式下依法接受各种形式的教育的义务。按照《义务教育法》的规定，国家实行 9 年制义务教育。凡年满 6 周岁的儿童，不分性别、民族、种族，都应当入学接受规定年限的义务教育。

条件不具备的地区，可以推迟到 7 周岁入学。在义务教育期间，国家免费为公民提供教育，这些费用包括一切教学场所、设施和教学费用。公民只承担书本费和学杂费。

3. 保护少年儿童权益的规定。我国《宪法》对具有特殊情况的儿童设置专条，进行详细说明。综合有关规定，具体有以下几项措施：享受社会安全的权利。父母应用心照料和保护儿童，国家保证儿童有足够的营养、住宅、娱乐和医院设施。

儿童不受任何形式的歧视、虐待和剥削，更不能成为任何形式的买卖对象，享有特殊保护的权利。儿童生活所需的物质条件应得到充分保障；社会对无家可归和难以生活的儿童应给予特殊照顾；儿童若生活困难，有权获得社会救济。儿童享有独立的人格权，任何侵犯儿童人格权的行为都应受到法律的追究。

我们再来看法律。这里的法律特指全国人民代表大会及其常务委员会制定和认可的法律规范的总称，其效力仅次于宪法。《宪法》第 67 条规定，全国人大常委会制定和修改除应当由全国人民代表大会制定的法律以外的其他法律；在全国人民代表大会闭会期间，对全国人民代表大会制定的法律进行部分补充和修改，但是不得同该法律的基本原则相抵触。

关于未成年人权益保护的法律分为 2 类：

①专门保护未成年人的法律，包括《未成年人保护法》和《预防未成年人犯罪法》。前者是 1992 年 1 月 1 日起施行的我国建国以来第一部保护未成年人的专门性法律；后者是 1999 年 11 月 1 日起施行的预防未成年人犯罪的专门性法律。

②涉及未成年人保护内容的有关法律。这些法律虽然不是专门的保护未成年人的法律，但其中有些内容涉及了对未成年人的保护。比如上文提及的《宪法》，作为国家的根本大法，在其规定的原则性条款中，有 2 条直接涉及保护未成年人合法权益和培养未成年人的健康成长。该法第 46 条第

2 款规定："国家培养青年、少年、儿童在品德、智力、体质等方面全面发展。"第 49 条第 1 款规定："婚姻、家庭、母亲和儿童受国家的保护。"

涉及未成年人保护内容的法律还有《刑法》、《监狱法》、《民法通则》、《婚姻法》、《收养法》、《妇女权益保障法》、《义务教育法》、《教育法》、《职业教育法》、《教师法》、《劳动法》等。

接下来是行政法规与部门规章。由最高行政机关即国务院根据宪法和法律，在其职权范围内制定的规范性法律文件，其效力仅次于宪法和法律，居于第三层次。国务院下属的各部、委所颁布的部门规章，其效力低于国务院的行政法规。

此外，全国人大及其常委会还可根据需要授权国务院制定某些法律文件，国务院据此制定的有关法规，属于"授权立法"，其效力应高于行政法规，与全国人大及其常委会制定的法律具有同等效力。

国务院发布的内容直接涉及未成年人保护的有关行政法规主要有《卖淫嫖娼人员收容教育办法》、《强制戒毒办法》、《电影管理条例》、《音像制品管理条例》、《出版管理条例》、《广播电视管理条例》、《娱乐场所管理条例》、《营业性演出管理条例》、《公安部办理未成年人违法犯罪案件的规定》、《少年管教所暂行管理办法（试行）》、《关于出版少年儿童期刊的若干规定》、《关于出版少年儿童读物的若干规定》、《文化部、公安部关于加强台球、电子游戏机娱乐活动管理的通知》、《文化部、公安部关于严禁利用电子游戏机进行赌博活动的通知》、《国家教委关于严格控制中小学生流失问题的若干意见》等。

地方性法规与地方政府规章也有保护未成年人的相关规定。地方性法规是指特定的地方国家权力机关制定的规范性法律文件。

这些特定的地方国家权力机关包括省、自治区、直辖市的人民代表大会及其常务委员会和较大市（包括省、自治区人民政府所在地的市、经济特区所在地的市和经国务院批准的较大的市）的人民代表大会及其常务委员会。地方性法规的效力低于宪法、法律和行政法规，但高于地方政府规章。例如上海市人大常委会 2001 年 7 月 31 日审议通过的《上海市中小学生伤害事故处理条例》。

地方政府规章是省、自治区、直辖市人民政府和较大市的人民政府（包括省、自治区所在地的市人民政府、经济特区所在地的市人民政府和经国务院批准的较大的市人民政府）制定的规范性法律文件。

自治条例和单行条例也有部分涉及未成年人保护内容的。自治条例和单行条例是指民族自治区域的人民代表大会根据宪法、法律制定的在本民族自治区域范围内有效的规范性法律文件。如果是由自治区人民代表大会制定的，则须报请全国人大常委会批准后才生效；如果是由自治州、县人民代表大会制定的，则须报请省、自治区人大常委会批准后才生效。

特别行政区的法律规范中也有一些保护未成年人的规定。特别行政区的法律规范是指由全国人大通过的和特别行政区依法制定并报全国人大常委会备案的、在该特别行政区内有效的规范性法律文件。一般包括我国《宪法》、特别行政区《基本法》、施行于港澳等特别行政区的全国性法律、特别行政区原有的和新制定的法律。

另外，保护未成年人的还有国际条约。国际条约指我国同国外缔结或批准、加入的国际性法律文件。包括双边或多边条约、公约、协定、宣言、声明、公报等。我国政府缔结或批准、加入的国际条约，对我国的一切公民和组织有约束力，必须被遵守，如《儿童权利公约》。

运用法律手段保护自己

保护未成年人是一项崇高的事业。我们从无法可依发展到今天有法可依，无疑是一个了不起的进步。但是，"徒法不足以自行"，法律只有不折不扣地执行，才能产生应有的效力，否则就会成为一纸空文。在现实生活中，要真正做到"有法必依，执法必严，违法必究"，而不是"立法如林，执法无人"，对于我们这样一个法律意识淡薄、法制建设还不够健全的社会来说绝非一件容易的事情。

有这样一个事例：当自己的未成年女儿遭到强奸，做父母的首先想到的不是报警寻求法律保护，而是背着大出血的女儿找强奸犯"私了"。这样的事例还可以举出许多，因此有了保护法并不意味着未成年人就万事大吉了。必须将这一法律交给广大人民，特别是交给广大青少年，青少年依靠自己的力量积极进行自我保护是非常必要和重要的。

青少年懂不懂法结果会大不一样。有这样 2 个事例：一是武汉一个小孩，父母过世被寄养在叔叔家，叔叔为让他挣钱就不让他上学了，这个孩子不愿意却又想不出办法，最后投江自杀，幸好被人救了。这个孩子所以采取自杀的方法，显然是因为他不懂《义务教育法》和《未成年人保护法》，更不会用此来捍卫自己受教育的权利。

另一个例子是一个15岁的女孩夏斐考上了省外一所中专，但两年前她就由父母做主定了亲，对方是乡长的儿子，乡长怕婚事告吹，把两人的年龄改为成年人，偷偷给他们办了结婚登记。由于这个女孩子懂《婚姻法》，就告到公安部门，结果阻止了悲剧的发生。以上2个事例说明：青少年如果懂法，就可以用法律这个武器来保护自己的合法权利；法律是未成年人进行自我保护最有力最有效的手段，是未成年人与侵犯自己合法权益的人和事做斗争的最锐利的武器。

未成年人如何运用好法律这一"武器"来保护自己呢？关键就在于学法、懂法、守法、用法。

学习《未成年人保护法》及有关保护未成年人的其他法律，是首先要做的事情。所谓的学习不是一目十行地看一遍，或者仅知道大概内容，而是要边读边想，真正弄懂法律条文的意思，一些重要的条文要记在脑子里，这样就可以知道什么行为是合法的，可以做；什么行为是违法的，不允许做。

遇到一些具体事情的时候，就能够对照法律的规定去分析去判断，以确定自己应该怎样做。这好比在思想上打了预防针，增强了我们对社会生活中不良影响和诱惑的识别能力和抵制能力。

学懂了法律规定，思想上对法律有了认识，就应该自觉用来指导自己的行为，做到依法行事，凡是法律规定要做的，就一定做到，法律不准做的，一定不做，要明确守法本身是对自我的一种最好的保护。如《未成年人保护法》第9条规定："父母或者其他监护人应当尊重未成年人按规定接受义务教育的权利，必须使适龄未成年人接受义务教育，不得使在校接受义务教育的未成年人辍学。"

这条法律规定保护未成年人受教育的权利，也规定未成年人有接受义务教育的义务。懂了这条规定，一方面青少年自己应该自觉接受义务教育，做到不逃学、不旷课，认真学习文化知识；另一方面也要依靠它来争取和保护自己受教育的权利，同强迫自己弃学经商、弃学做工、弃学务农等非法行为做斗争。

同时，法律禁止的不利于未成年人成长的活动和行为，未成年人自己应该自觉抵制，要做到不吸烟、不喝酒、不赌博、不吸毒、不涉足营业性舞厅及其它主要供成年人交谊娱乐的场馆，不看淫秽、暴力等毒害未成年人的图书、报刊、音像制品等。总之，未成年人自己应该树立守法观念，养成处处守法、事事守法、自觉守法的习惯，做到无论是人们看得到的场合，还是无人注意的场合；无论是对自己有利的时候，还是对自己不利的时候；无论是有人提醒的时候，还是个人独处的时候，都自觉守法，做一个自觉守法的好公民。

未成年人除了要学法、懂法、守法，还应自觉运用法律来保护自己的合法权益。中学生王晓刚为我们作出了榜样。王晓刚是一位品学兼优的学生，他父亲经营一家小吃店，生意兴隆个人忙不过来，想让王晓刚干脆退学帮忙。王晓刚在校听了普法办关于《义务教育法》和《未成年人保护法》的宣传，向父亲讲明："你让我退学，是一种违法行为。"没想到父亲却瞪起眼说："我不让你上学，还不是为你好！我是你爸，你就得听我的，自古就是这个理。"王晓刚未能说服父亲，便找到普法办的叔叔帮助，经开导，王晓刚的父亲终于认识到自己的错误，同意儿子继续上学。王晓刚依靠法律，争取到了自己受教育的权利。从这个例子，我们还可以得到一个启示：在自己的力量不足时，我们未成年人还可以借助司法部门的帮助。

那么，能给未成年人帮助的都有哪些部门呢？《未成年人保护法》第5条规定："保护未成年人，是国家机关、武装力量、政党、社会团体、企业事业组织、城乡基层群众性自治组织、未成年人的监护人和其他成年公民的共同责任。""国家、社会、学校和家庭应当教育和帮助未成年人运用法律手段，维护自己的合法权益。"

第6条规定："中央和地方各级国家机关应当在各自的职责范围内做好未成年人保护工作。""国务院和省、自治区、直辖市的人民政府根据需要，采取组织措施，协调有关部门做好未成年人保护工作。""共产主义青年团、妇女联合会、工会、青年联合会、学生联合会、少年先锋队及其他有关的社会团体，协助各级人民政府做好未成年人保护工作，维护未成年人的合法权益。"上面2条告诉我们：未成年人受到全社会的关心和爱护，保护未成年人是全社会的共同责任，各级人民政府、社会组织和团体及成年公民都有为未成年人提供帮助的义务。

近20年来，我国陆续建立了一些专门保护青少年的机构。共青团中央设立了"维护青少年合法权益办公室"，各市、地方也有相应的工作部门。如山东省政府于1990年3月成立了"山东省未成年人保护委员会"，由一名副省长任主任，团省委书记和省教委一名副主任任副主任，15个部门和单位的负责同志任委员。到目前，全省大部分市区已建立了"未成年人保护委员会"。

这些机构的主要任务就是依法维护青少年的合法权益。未成年人遇到权益被侵犯的情况时，可以到所在地的"未成年人保护委员会"寻求帮助。未成年人权益被侵犯的情况不同，寻求帮助的方法也不同。侵犯未成年人权益的人可分为2种：①缺乏法制观念，是思想认识上的问题，如中学生王晓刚的父亲；②违法犯罪，如夏斐的母亲、乡长等，这两种性质是不一样的。属于前一种情况的，未成年人可以通过家长和老师，找当事人所在单位的领导，也可以找当地的群众组织，比如共青团、妇联、工会、居委会、村委会等，由这些部门对当事人进行思想教育，劝其改正错误。属于后一种情况，就需要向所在地的公、检、法部门进行检举或者到法院起诉，这些司法机关会依法律规定作出公正的处理。

保护未成年人的合法权益不受非法侵犯，不仅要靠政法部门，靠全体成年公民，也需要未成年人自己提高自我保护的意识和能力。未成年人应认真学法，自觉守法，勇敢地运用法律武器为维护自己的合法权益而斗争！

《中华人民共和国未成年人保护法》

(1991年9月4日第七届全国人民代表大会常务委员会第二十一次会议通过)

第一章 总 则

第一条 为了保护未成年人的身心健康，保障未成年人的合法权益，促进未成年人在品德、智力、体质等方面全面发展，把他们培养成为有理想、有道德、有文化、有纪律的社会主义事业接班人，根据《宪法》，制定本法。

第二条　本法所称未成年人是指未满18周岁的公民。

第三条　国家、社会、学校和家庭对未成年人进行理想教育、道德教育、文化教育、纪律和法制教育，进行爱国主义、集体主义和国际主义、共产主义的教育，提倡爱祖国、爱人民、爱劳动、爱科学、爱社会主义的公德，反对资本主义的、封建主义的和其他的腐朽思想的侵蚀。

第四条　保护未成年人的工作，应当遵循下列原则：

（一）保障未成年人的合法权益；

（二）尊重未成年人的人格尊严；

（三）适应未成年人身心发展的特点；

（四）教育与保护相结合。

第五条　国家保障未成年人的人身、财产和其他合法权益不受侵犯。

保护未成年人，是国家机关、武装力量、政党、社会团体、企业事业组织、城乡基层群众性自治组织。未成年人的监护人和其他成年公民的共同责任。

对侵犯未成年人合法权益的行为，任何组织和个人都有权予以劝阻、制止或者向有关部门提出检举或者控告。

国家、社会、学校和家庭应当教育和帮助未成年人运用法律手段，维护自己的合法权益。

第六条　中央和地方各级国家机关应当在各自的职责范围内做好未成年人保护工作。

国务院和省、自治区、直辖市的人民政府根据需要，采取组织措施，协调有关部门做好未成年人保护工作。

共产主义青年团、妇女联合会、工会、青年联合会、学生联合会、少年先锋队及其他有关的社会团体，协助各级人民政府做好未成年人保护工作，维护未成年人的合法权益。

第七条　各级人民政府和有关部门对保护未成年人有显著成绩的组织和个人，给予奖励。

未成年人的家庭保护

第八条　父母或者其他监护人应当依法履行对未成年人的监护职责和

抚养义务；不得虐待、遗弃未成年人；不得歧视女性未成年人或者有残疾的未成年人；禁止溺婴、弃婴。

第九条　父母或者其他监护人应当尊重未成年人接受教育的权利，必须使适龄未成年人按照规定接受义务教育，不得使在校接受义务教育的未成年人辍学。

第十条　父母或者其他监护人应当以健康的思想，品行和适当的方法教育未成年人，引导未成年人进行有益身心健康的活动，预防和制止未成年人吸烟、酗酒、流浪以及聚赌、吸毒、卖淫。

第十一条　父母或者其他监护人不得允许或者迫使未成年人结婚，不得为未成年人订立婚约。

第十二条　父母或其他监护人不履行监护职责或者侵害被监护的未成年人的合法权益的，应当依法承担责任。父母或者其他监护人有前款所列行为，经教育不改的，人民法院可以根据有关人员或者有关单位的申请，撤销其监护人的资格；依照《民法通则》第十六条的规定，另行确定监护人。

未成年人的学校保护

第十三条　学校应当全面贯彻国家的教育方针，对未成年学生进行德育、智育、体育、美育、劳动教育以及社会生活指导和青春期教育。

学校应当关心、爱护学生；对品行有缺点、学习有困难的学生，应当耐心教育、帮助，不得歧视。

第十四条　学校应当尊重未成年学生的受教育权，不得随意开除未成年学生。

第十五条　学校、幼儿园的教职员应当尊重未成年人的人格尊严，不得对未成年学生和儿童实施体罚、变相体罚或者其他侮辱人格尊严的行为。

第十六条　学校不得使未成年学生在危及人身安全、健康的校舍和其他教育教学设施中活动。

任何组织和个人不得扰乱教学秩序，不得侵占、破坏学校的场地、房屋和设备。

第十七条　学校和幼儿园安排未成年学生和儿童参加集会、文化娱乐、社会实践等集体活动，应当有利于未成年人的健康成长，防止发生人身安全事故。

第十八条　按照国家有关规定送工读学校接受义务教育的未成年人，工读学校应当对其进行思想教育、文化教育、劳动技术教育和职业教育。

工读学校的教职员应当关心、爱护、尊重学生，不得歧视、厌弃。

第十九条　幼儿园应当做好保育、教育工作，促进幼儿在体质、智力、品德等方面和谐发展。

未成年人的社会保护

第二十条　国家鼓励社会团体、企业事业组织和其他组织及公民，开展多种形式的有利于未成年人健康成长的社会活动。

第二十一条　各级人民政府应当创造条件，建立和改善适合未成年人文化生活需要的活动场所和设施。

第二十二条　博物馆、纪念馆、科技馆、文化馆、影剧院、体育场（馆）、动物园、公园等场所，应当对中小学生优惠开放。

第二十三条　营业性舞厅等不适宜未成年人活动的场所，有关主管部门和经营者应当采取措施，不得允许未成年人进入。

第二十四条　国家鼓励新闻、出版、广播、电影、电视、文艺等单位和作家、科学家、艺术家及其他公民，创作或者提供有益于未成年人健康成长的作品。出版专门以未成年人为对象的图书、报刊、音像制品等出版物，国家给予扶持。

第二十五条　严禁任何组织和个人向未成年人出售、出租或者以其他方式传播淫秽、暴力、凶杀、恐怖等毒害未成年人的图书、报刊、音像制品。

第二十六条　儿童食品、玩具、用具和游乐设施，不得有害于儿童的安全和健康。

第二十七条　任何人不得在中小学、幼儿园、托儿所的教室、寝室、活动室和其他未成年人集中活动的室内吸烟。

第二十八条　任何组织和个人不得招用未满 16 周岁的未成年人，国家另有规定的除外。

任何组织和个人依照国家有关规定招收已满16周岁未满18周岁的未成年人的,应当在工种、劳动时间、劳动强度和保护措施等方面执行国家有关规定,不得安排其从事过重、有毒、有害的劳动或者危险作业。

第二十九条 对流浪乞讨或者离家出走的未成年人,民政部门或者其他有关部门应当负责交送其父母或者其他监护人;暂时无法查明其父母或者其他监护人的,由民政部门设立的儿童福利机构收容抚养。

第三十条 任何组织和个人不得披露未成年人的个人隐私。

第三十一条 对未成年人的信件,任何组织和个人不得隐匿、毁弃;除因追查犯罪的需要由公安机关或者人民检察院依照法律规定的程序进行检查,或者对无行为能力的未成年人的信件由其父母或者其他监护人代为开拆外,任何组织或者个人不得开拆。

第三十二条 卫生部门和学校应当为未成年人提供必要的卫生保健条件,做好预防疾病工作。

第三十三条 地方各级人民政府应当积极发展托幼事业,努力办好托儿所、幼儿园,鼓励和支持国家机关、社会团体、企业事业组织和其他社会力量兴办哺乳室、托儿所、幼儿园,提倡和支持举办家庭托儿所。

第三十四条 卫生部门应当对儿童实行预防接种证制度,积极防治儿童常见病、多发病,加强对传染病防治工作的监督管理和对托儿所、幼儿园卫生保健的业务指导。

第三十五条 各级人民政府和有关部门应当采取多种形式,培养和训练幼儿园、托儿所的保教人员,加强对他们的政治思想和业务教育。

第三十六条 国家依法保护未成年人的智力成果和荣誉权不受侵犯。对有特殊天赋或者有突出成就的未成年人,国家、社会、家庭和学校应当为他们的健康发展创造有利条件。

第三十七条 未成年人已经受完规定年限的义务教育不再升学的,政府有关部门和社会团体、企业事业组织应当根据实际情况,对他们进行职业技术培训,为他们创造劳动就业条件。

未成年人的司法保护

第三十八条 对违法犯罪的未成年人,实行教育、感化、挽救的方针,坚持教育为主、惩罚为辅的原则。

第三十九条　已满 14 周岁的未成年人犯罪，因不满 16 周岁不予刑事处罚的，责令其家长或者其他监护人加以管教；必要时，也可以由政府收容教养。

第四十条　公安机关、人民检察院、人民法院办理未成年人犯罪的案件，应当照顾未成年人的身心特点，并可以根据需要设立专门机构或者指定专人办理。

公安机关、人民检察院、人民法院和少年犯管教所，应当尊重违法犯罪的未成年人的人格尊严，保障他们的合法权益。

第四十一条　公安机关、人民检察院、人民法院对审前羁押的未成年人，应当与羁押的成年人分别看管。

对经人民法院判决服刑的未成年人，应当与服刑的成年人分别关押、管理。

第四十二条　14 周岁以上不满 16 周岁的未成年人犯罪的案件，一律不公开审理。16 周岁以上不满 18 周岁的未成年人犯罪的案件，一般也不公开审理。

对未成年人犯罪案件，在判决前，新闻报道、影视节目、公开出版物不得披露该未成年人的姓名、住所、照片及可能推断出该未成年人的资料。

第四十三条　家庭和学校及其他有关单位，应当配合违法犯罪未成年人所在的少年犯管教所等单位，共同做好违法犯罪未成年人的教育挽救工作。

第四十四条　人民检察院免予起诉、人民法院免除刑事处罚或者宣告缓刑以及被解除收容教养或者服刑期满释放的未成年人，复学、升学、就业不受歧视。

第四十五条　人民法院审理继承案件，应当依法保护未成年人的继承权。

人民法院审理离婚案件，离婚双方因抚养未成年子女发生争执，不能达成协议时，应当根据保障子女权益的原则和双方具体情况判决。

未成年人的法律责任

第四十六条　未成年人的合法权益受到侵害的，被侵害人或者其监护人有权要求有关主管部门处理，或者依法向人民法院提起诉讼。

第四十七条　侵害未成年人的合法权益，对其造成财产损失或者其他损失、损害的，应当依法赔偿或者承担其他民事责任。

第四十八条　学校、幼儿园、托儿所的教职员对未成年学生和儿童实施体罚或者变相体罚，情节严重的，由其所在单位或者上级机关给予行政处分。

第四十九条　企业事业组织、个体工商户非法招用未满 16 周岁的未成年人的，由劳动部门责令改正，处以罚款；情节严重的，由工商行政管理部门吊销营业执照。

第五十条　营业性舞厅等不适宜未成年人活动的场所允许未成年人进入的，由有关主管部门责令改正，可以处以罚款。

第五十一条　向未成年人出售、出租或者以其他方式传播淫秽的图书、报刊、音像制品等出版物的，依法从重处罚。

第五十二条　侵犯未成年人的人身权利或者其他合法权利，构成犯罪的，依法追究刑事责任。

虐待未成年的家庭成员，情节恶劣的，依照《刑法》第一百八十二条的规定追究刑事责任。

司法工作人员违反监管法规，对被监管的未成年人实行体罚虐待的，依照《刑法》第一百八十九条的规定追究刑事责任。

对未成年人负有抚养义务而拒绝抚养，情节恶劣的，依照《刑法》第一百八十三条的规定追究刑事责任。

溺婴的，依照《刑法》第一百三十二条的规定追究刑事责任。明知校舍有倒塌的危险而不采取措施，致使校舍倒塌，造成伤亡的，依照《刑法》第一百八十七条的规定追究刑事责任。

第五十三条　教唆未成年人违法犯罪的，依法从重处罚。

引诱、教唆或者强迫未成年人吸食、注射毒品或者卖淫的，依法从重处罚。

第五十四条　当事人对依照本法作出的行政处罚决定不服的，可以先向上一级行政机关或者有关法律、法规规定的行政机关申请复议，对复议决定不服的，再向人民法院提起诉讼；也可以直接向人民法院提起诉讼。有关法律、法规规定应当先向行政机关申请复议，对复议决定不服再向人民法院提起诉讼的，依照有关法律、法规的规定办理。

当事人对行政处罚决定在法定期限内不申请复议，也不向人民法院提起诉讼，又不履行的，作出处罚决定的机关可以申请人民法院强制执行，或者依法强制执行。

《中华人民共和国预防未成年人犯罪法》

（1999年6月28日第九届全国人民代表大会常务委员会第十次会议通过，1999年6月28日中华人民共和国主席令第17号公布自1999年11月1日起施行）

第一章　总　则

第一条　为了保障未成年人身心健康，培养未成年人良好品行，有效地预防未成年人犯罪，制定本法。

第二条　预防未成年人犯罪，立足于教育和保护，从小抓起，对未成年人的不良行为及时进行预防和矫治。

第三条　预防未成年人犯罪，在各级人民政府组织领导下，实行综合治理。

政府有关部门、司法机关、人民团体、有关社会团体、学校、家庭、城市居民委员会、农村村民委员会等各方面共同参与，各负其责，做好预防未成年人犯罪工作，为未成年人身心健康发展创造良好的社会环境。

第四条　各级人民政府在预防未成年人犯罪方面的职责是：

（一）制定预防未成年人犯罪工作的规划；

（二）组织、协调公安、教育、文化、新闻出版、广播电影电视、工商、民政、司法行政等政府有关部门和其他社会组织进行预防未成年人犯罪工作；

（三）对本法实施的情况和工作规划的执行情况进行检查；

（四）总结、推广预防未成年人犯罪工作的经验，树立、表彰先进典型。

第五条　预防未成年人犯罪，应当结合未成年人不同年龄的生理、心理特点，加强青春期教育、心理矫治和预防犯罪对策的研究。

第二章　预防未成年人犯罪的教育

第六条　对未成年人应当加强理想、道德、法制和爱国主义、集体主义、社会主义教育。对于达到义务教育年龄的未成年人，在进行上述教育的同时，应当进行预防犯罪的教育。

预防未成年人犯罪的教育的目的，是增强未成年人的法制观念，使未成年人懂得违法和犯罪行为对个人、家庭、社会造成的危害，违法和犯罪行为应当承担的法律责任，树立遵纪守法和防范违法犯罪的意识。

第七条　教育行政部门、学校应当将预防犯罪的教育作为法制教育的内容纳入学校教育教学计划，结合常见多发的未成年人犯罪，对不同年龄的未成年人进行有针对性的预防犯罪教育。

第八条　司法行政部门、教育行政部门、共产主义青年团、少年先锋队应当结合实际，组织、举办展览会、报告会、演讲会等多种形式的预防未成年人犯罪的法制宣传活动。

学校应当结合实际举办以预防未成年人犯罪的教育为主要内容的活动。教育行政部门应当将预防未成年人犯罪教育的工作效果作为考核学校工作的一项重要内容。

第九条　学校应当聘任从事法制教育的专职或者兼职教师。学校根据条件可以聘请校外法律辅导员。

第十条　未成年人的父母或者其他监护人对未成年人的法制教育负有直接责任。学校在对学生进行预防犯罪教育时，应当将教育计划告知未成年人的父母或者其他监护人，未成年人的父母或者其他监护人应当结合学校的计划，针对具体情况进行教育。

第十一条　少年宫、青少年活动中心等校外活动场所应当把预防未成年人犯罪的教育作为一项重要的工作内容，开展多种形式的宣传教育活动。

第十二条　对于已满16周岁不满18周岁准备就业的未成年人，职业教育培训机构、用人单位应当将法律知识和预防犯罪教育纳入职业培训的内容。

第十三条　城市居民委员会、农村村民委员会应当积极开展有针对性的预防未成年人犯罪的法制宣传活动。

第三章　对未成年人不良行为的预防

第十四条　未成年人的父母或者其他监护人和学校应当教育未成年人不得有下列不良行为：

（一）旷课、夜不归宿；

（二）携带管制刀具；

（三）打架斗殴、辱骂他人；

（四）强行向他人索要财物；

（五）偷窃、故意毁坏财物；

（六）参与赌博或者变相赌博；

（七）观看、收听色情、淫秽的音像制品、读物等；

（八）进入法律、法规规定未成年人不适宜进入的营业性歌舞厅等场所；

（九）其他严重违背社会公德的不良行为。

第十五条　未成年人的父母或者其他监护人和学校应当教育未成年人不得吸烟、酗酒。任何经营场所不得向未成年人出售烟酒。

第十六条　中小学生旷课的，学校应当及时与其父母或者其他监护人取得联系。

未成年人擅自外出夜不归宿的，其父母或者其他监护人、其所在的寄宿制学校应当及时查找，或者向公安机关请求帮助。收留夜不归宿的未成年人的，应当征得其父母或者其他监护人的同意，或者在 24 小时内及时通知其父母或者其他监护人、所在学校或者及时向公安机关报告。

第十七条　未成年人的父母或者其他监护人和学校发现未成年人组织或者参加实施不良行为的团伙的，应当及时予以制止。发现该团伙有违法犯罪行为的，应当向公安机关报告。

第十八条　未成年人的父母或者其他监护人和学校发现有人教唆、胁迫、引诱未成年人违法犯罪的，应当向公安机关报告。公安机关接到报告后，应当及时依法查处，对未成年人人身安全受到威胁的，应当及时采取有效措施，保护其人身安全。

第十九条　未成年人的父母或者其他监护人，不得让不满 16 周岁的未成年人脱离监护单独居住。

第二十条　未成年人的父母或者其他监护人对未成年人不得放任不管，不得迫使其离家出走，放弃监护职责。

未成年人离家出走的，其父母或者其他监护人应当及时查找，或者向公安机关请求帮助。

第二十一条　未成年人的父母离异的，离异双方对子女都有教育的义务，任何一方都不得因离异而不履行教育子女的义务。

第二十二条 继父母、养父母对受其抚养教育的未成年继子女、养子女，应当履行本法规定的父母对未成年子女在预防犯罪方面的职责。

第二十三条 学校对有不良行为的未成年人应当加强教育、管理，不得歧视。

第二十四条 教育行政部门、学校应当举办各种形式的讲座、座谈、培训等活动，针对未成年人不同时期的生理、心理特点，介绍良好有效的教育方法，指导教师、未成年人的父母和其他监护人有效地防止、矫治未成年人的不良行为。

第二十五条 对于教唆、胁迫、引诱未成年人实施不良行为或者品行不良，影响恶劣，不适宜在学校工作的教职员工，教育行政部门、学校应当予以解聘或者辞退；构成犯罪的，依法追究刑事责任。

第二十六条 禁止在中小学校附近开办营业性歌舞厅、营业性电子游戏场所以及其他未成年人不适宜进入的场所。禁止开办上述场所的具体范围由省、自治区、直辖市人民政府规定。

对本法施行前已在中小学校附近开办上述场所的，应当限期迁移或者停业。

第二十七条 公安机关应当加强中小学校周围环境的治安管理，及时制止、处理中小学校周围发生的违法犯罪行为。城市居民委员会、农村村民委员会应当协助公安机关做好维护中小学校周围治安的工作。

第二十八条 公安派出所、城市居民委员会、农村村民委员会应当掌握本辖区内暂住人口中未成年人的就学、就业情况。对于暂住人口中未成年人实施不良行为的，应当督促其父母或者其他监护人进行有效的教育、制止。

第二十九条 任何人不得教唆、胁迫、引诱未成年人实施本法规定的不良行为，或者为未成年人实施不良行为提供条件。

第三十条 以未成年人为对象的出版物，不得含有诱发未成年人违法犯罪的内容，不得含有渲染暴力、色情、赌博、恐怖活动等危害未成年人身心健康的内容。

第三十一条 任何单位和个人不得向未成年人出售、出租含有诱发未成年人违法犯罪以及渲染暴力、色情、赌博、恐怖活动等危害未成年人身心健康内容的读物、音像制品或者电子出版物。

任何单位和个人不得利用通讯、计算机网络等方式提供前款规定的危害未成年人身心健康的内容及其信息。

第三十二条　广播、电影、电视、戏剧节目，不得有渲染暴力、色情、赌博、恐怖活动等危害未成年人身心健康的内容。

广播电影电视行政部门、文化行政部门必须加强对广播、电影、电视、戏剧节目以及各类演播场所的管理。

第三十三条　营业性歌舞厅以及其他未成年人不适宜进入的场所，应当设置明显的未成年人禁止进入标志，不得允许未成年人进入。

营业性电子游戏场所在国家法定节假日外，不得允许未成年人进入，并应当设置明显的未成年人禁止进入标志。

对于难以判明是否已成年的，上述场所的工作人员可以要求其出示身份证件。

第四章　对未成年人严重不良行为的矫治

第三十四条　本法所称"严重不良行为"，是指下列严重危害社会，尚不够刑事处罚的违法行为：

（一）纠集他人结伙滋事，扰乱治安；

（二）携带管制刀具，屡教不改；

（三）多次拦截殴打他人或者强行索要他人财物；

（四）传播淫秽的读物或者音像制品等；

（五）进行淫乱或者色情、卖淫活动；

（六）多次偷窃；

（七）参与赌博，屡教不改；

（八）吸食、注射毒品；

（九）其他严重危害社会的行为。

第三十五条　对未成年人实施本法规定的严重不良行为的，应当及时予以制止。

对有本法规定严重不良行为的未成年人，其父母或者其他监护人和学校应当相互配合，采取措施严加管教，也可以送工读学校进行矫治和接受教育。

对未成年人送工读学校进行矫治和接受教育，应当由其父母或者其他监护人，或者原所在学校提出申请，经教育行政部门批准。

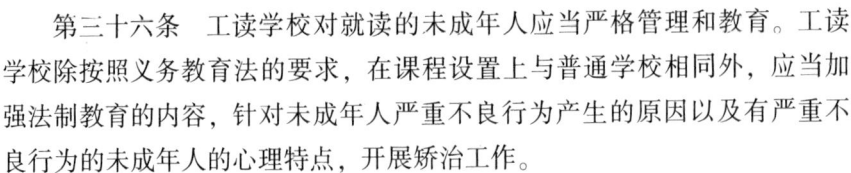

第三十六条 工读学校对就读的未成年人应当严格管理和教育。工读学校除按照义务教育法的要求，在课程设置上与普通学校相同外，应当加强法制教育的内容，针对未成年人严重不良行为产生的原因以及有严重不良行为的未成年人的心理特点，开展矫治工作。

家庭、学校应当关心、爱护在工读学校就读的未成年人，尊重他们的人格尊严，不得体罚、虐待和歧视。工读学校毕业的未成年人在升学、就业等方面，同普通学校毕业的学生享有同等的权利，任何单位和个人不得歧视。

第三十七条 未成年人有本法规定严重不良行为，构成违反治安管理行为的，由公安机关依法予以治安处罚。因不满14周岁或者情节特别轻微免予处罚的，可以予以训诫。

第三十八条 未成年人因不满16周岁不予刑事处罚的，责令他的父母或者其他监护人严加管教；在必要的时候，也可以由政府依法收容教养。

第三十九条 未成年人在被收容教养期间，执行机关应当保证其继续接受文化知识、法律知识或者职业技术教育；对没有完成义务教育的未成年人，执行机关应当保证其继续接受义务教育。

解除收容教养、劳动教养的未成年人，在复学、升学、就业等方面与其他未成年人享有同等权利，任何单位和个人不得歧视。

第五章　未成年人对犯罪的自我防范

第四十条 未成年人应当遵守法律、法规及社会公共道德规范，树立自尊、自律、自强意识，增强辨别是非和自我保护的能力，自觉抵制各种不良行为及违法犯罪行为的引诱和侵害。

第四十一条 被父母或者其他监护人遗弃、虐待的未成年人，有权向公安机关、民政部门、共产主义青年团、妇女联合会、未成年人保护组织或者学校、城市居民委员会、农村村民委员会请求保护。被请求的上述部门和组织都应当接受，根据情况需要采取救助措施的，应当先采取救助措施。

第四十二条 未成年人发现任何人对自己或者对其他未成年人实施本法第三章规定不得实施的行为或者犯罪行为，可以通过所在学校、其父母或者其他监护人向公安机关或者政府有关主管部门报告，也可以自己向上述机关报告。受理报告的机关应当及时依法查处。

第四十三条 对同犯罪行为作斗争以及举报犯罪行为的未成年人，司法机关、学校、社会应当加强保护，保障其不受打击报复。

第六章　对未成年人重新犯罪的预防

第四十四条　对犯罪的未成年人追究刑事责任，实行教育、感化、挽救方针，坚持教育为主、惩罚为辅的原则。

司法机关办理未成年人犯罪案件，应当保障未成年人行使其诉讼权利，保障未成年人得到法律帮助，并根据未成年人的生理、心理特点和犯罪的情况，有针对性地进行法制教育。

对于被采取刑事强制措施的未成年学生，在人民法院的判决生效以前，不得取消其学籍。

第四十五条　人民法院审判未成年人犯罪的刑事案件，应当由熟悉未成年人身心特点的审判员或者审判员和人民陪审员依法组成少年法庭进行。

对于已满 14 周岁不满 16 周岁未成年人犯罪的案件，一律不公开审理。已满 16 周岁不满 18 周岁未成年人犯罪的案件，一般也不公开审理。

对未成年人犯罪案件，新闻报道、影视节目、公开出版物不得披露该未成年人的姓名、住所、照片及可能推断出该未成年人的资料。

第四十六条　对被拘留、逮捕和执行刑罚的未成年人与成年人应当分别关押、分别管理、分别教育。未成年犯在被执行刑罚期间，执行机关应当加强对未成年犯的法制教育，对未成年犯进行职业技术教育。对没有完成义务教育的未成年犯，执行机关应当保证其继续接受义务教育。

第四十七条　未成年人的父母或者其他监护人和学校、城市居民委员会、农村村民委员会，对因不满 16 周岁而不予刑事处罚、免予刑事处罚的未成年人，或者被判处非监禁刑罚、被判处刑罚宣告缓刑、被假释的未成年人，应当采取有效的帮教措施，协助司法机关做好对未成年人的教育、挽救工作。

城市居民委员会、农村村民委员会可以聘请思想品德优秀，作风正派，热心未成年人教育工作的离退休人员或者其他人员协助做好前款规定的未成年人的教育、挽救工作。

第四十八条　依法免予刑事处罚、判处非监禁刑罚、判处刑罚宣告缓刑、假释或者刑罚执行完毕的未成年人，在复学、升学、就业等方面与其他未成年人享有同等权利，任何单位和个人不得歧视。

第七章　法律责任

第四十九条　未成年人的父母或者其他监护人不履行监护职责，放任未成年人有本法规定的不良行为或者严重不良行为的，由公安机关对未成年人的父母或者其他监护人予以训诫，责令其严加管教。

第五十条　未成年人的父母或者其他监护人违反本法第十九条的规定，让不满16周岁的未成年人脱离监护单独居住的，由公安机关对未成年人的父母或者其他监护人予以训诫，责令其立即改正。

第五十一条　公安机关的工作人员违反本法第十八条的规定，接到报告后，不及时查处或者采取有效措施，严重不负责任的，予以行政处分；造成严重后果，构成犯罪的，依法追究刑事责任。

第五十二条　违反本法第三十条的规定，出版含有诱发未成年人违法犯罪以及渲染暴力、色情、赌博、恐怖活动等危害未成年人身心健康内容的出版物的，由出版行政部门没收出版物和违法所得，并处违法所得三倍以上十倍以下罚款；情节严重的，没收出版物和违法所得，并责令停业整顿或者吊销许可证。对直接负责的主管人员和其他直接责任人员处以罚款。

制作、复制宣扬淫秽内容的未成年人出版物，或者向未成年人出售、出租、传播宣扬淫秽内容的出版物的，依法予以治安处罚；构成犯罪的，依法追究刑事责任。

第五十三条　违反本法第三十一条的规定，向未成年人出售、出租含有诱发未成年人违法犯罪以及渲染暴力、色情、赌博、恐怖活动等危害未成年人身心健康内容的读物、音像制品、电子出版物的，或者利用通讯、计算机网络等方式提供上述危害未成年人身心健康内容及其信息的，没收读物、音像制品、电子出版物和违法所得，由政府有关主管部门处以罚款。

单位有前款行为的，没收读物、音像制品、电子出版物和违法所得，处以罚款，并对直接负责的主管人员和其他直接责任人员处以罚款。

第五十四条　影剧院、录像厅等各类演播场所，放映或者演出渲染暴力、色情、赌博、恐怖活动等危害未成年人身心健康的节目的，由政府有关主管部门没收违法播放的音像制品和违法所得，处以罚款，并对直接负责的主管人员和其他直接责任人员处以罚款；情节严重的，责令停业整顿或者由工商行政部门吊销营业执照。

第五十五条 营业性歌舞厅以及其他未成年人不适宜进入的场所、营业性电子游戏场所，违反本法第三十三条的规定，不设置明显的未成年人禁止进入标志，或者允许未成年人进入的，由文化行政部门责令改正、给予警告、责令停业整顿、没收违法所得，处以罚款，并对直接负责的主管人员和其他直接责任人员处以罚款；情节严重的，由工商行政部门吊销营业执照。

第五十六条 教唆、胁迫、引诱未成年人实施本法规定的不良行为、严重不良行为，或者为未成年人实施不良行为、严重不良行为提供条件，构成违反治安管理行为的，由公安机关依法予以治安处罚；构成犯罪的，依法追究刑事责任。

第八章 附　则

第五十七条 本法自 1999 年 11 月 1 日起施行。

《国家教委办公厅关于在中小学加强禁毒预防性教育的意见》

（1991 年 4 月 25 日）

中共中央、国务院批转公安部有关意见的通知中指出："坚决开展禁毒斗争，从根本上消除毒品祸害，关系到人民的健康幸福、民族的兴旺发达和我国社会主义现代化建设事业的顺利进行。各级党委和政府必须高度重视，加强对禁毒斗争的领导。"为在中小学落实中央通知精神，特提出以下意见：

一、各级教育部门必须高度重视并认真贯彻《通知》的精神，提高对禁毒斗争严肃性、必要性的认识。要按照各级党委和政府的统一布置，结合实际，根据中小学教育教学工作的规律，采取必要的措施，科学合理地安排此项工作。

二、把工作重点放在宣传教育上。根据《通知》要"加强预防性教育"的精神，要加强对本系统的干部、教职工进行禁毒的宣传教育，宣传吸毒、贩毒、非法种毒的危害性；宣传国家有关禁毒的法律、政策和政府的肃毒决心。做到人人皆知，以身作则。

三、坚持正面教育的原则，对学生的禁毒宣传教育，应根据不同年龄段学生的特点，结合课堂教学的有关内容进行。小学高年级可结合自然常识课"呼吸卫生"部分的教学，进行浅显的吸毒危害教育；初中三年级可在生理卫生课"呼吸系统和神经系统的卫生"部分，进行爱护身体和毒品对人体危害的教育。可在中小学历史课中，结合鸦片战争前后中国禁毒斗争的内容，宣传禁毒斗争的重大意义。在毒品违法犯罪较严重的地区，可利用时事政策课，宣传有关禁毒的法律和政策；有关省、市的教育部门，可会同司法、公安部门编写宣传教育手册，供教师宣讲；可委托有关部门编录音像教育材料，经审查后在学校播放。高中学生可利用社会实践活动时间，适当参与群众的禁毒宣传活动，从中接受教育。

四、中小学教职员工中参与贩毒、吸毒或教唆他人吸毒等活动的人员，应视情节轻重，给予行政处分或依法追究法律责任。各级教育行政部门和学校应加强抵制毒品违法犯罪活动对青少年一代的影响的工作，保护青少年。对于引诱、教唆中小学生吸毒的犯罪分子，要及时举报，由司法机关严厉打击。

五、要继续对中小学生加强法制观念和道德品质教育。要结合贯彻《小学生日常行为规范》和《中学生日常行为规范》，培养中小学生高尚情操和良好的行为习惯，增强抵御能力，自觉地与不良行为和违法犯罪作斗争。鉴于目前不少地区中小学学生吸烟现象比较严重，各级教育部门应责成所属中小学校高度重视，加强教育与管理，并要求家长予以配合。

《中华人民共和国婚姻法》（节录）

第三十六条　父母与子女间的关系，不因父母离婚而消除。离婚后，子女无论由父方或母方抚养，仍是父母双方的子女。

离婚后，父母对于子女仍有抚养和教育的权利和义务。

离婚后，哺乳期内的子女，以随哺乳的母亲抚养为原则。哺乳期后的子女，如双方因抚养问题发生争执不能达成协议时，由人民法院根据子女的权益和双方的具体情况判决。

第三十七条　离婚后，一方抚养的子女，另一方应负担必要的生活费和教育费的一部分或全部。……

关于子女生活费和教育费的协议或判决，不妨碍子女在必要时向父母任何一方提出超过协议或判决原定数额的合理要求。

第三十九条 离婚时，夫妻的共同财产由双方协议处理；协议不成时，由人民法院根据财产的具体情况，照顾女方和子女权益的原则判决。

《中华人民共和国继承法》（节录）

第十条 遗产按照下列顺序继承：

第一顺序：配偶、子女、父母。……

本法所说的子女，包括婚生子女、非婚生子女、养子女和有抚养关系的继子女。

第十三条 对生活有特殊困难的缺乏劳动能力的继承人，分配遗产时，应当予以照顾。

第二十八条 遗产分割时，应当保留胎儿的继承份额。胎儿出生时是死体的，保留的份额按照法定继承办理。

《中华人民共和国劳动法》（节录）

（1994年7月5日第八届全国人民代表大会常务委员会第八次会议通过，1994年7月5日中华人民共和国主席令第28号公布 自1995年1月1日起施行）

第二章 促进就业

第十五条 禁止用人单位招用未满16周岁的未成年人。

文艺、体育和特种工艺单位招用未满16周岁的未成年人，必须依照国家有关规定，履行审批手续，并保障其接受义务教育的权利。

第七章 女职工和未成年工特殊保护

第五十八条 国家对女职工和未成年工实行特殊劳动保护。

未成年工是指年满16周岁未满18周岁的劳动者。

第五十九条 禁止安排女职工从事矿山井下、国家规定的第四级体力劳动强度的劳动和其他禁忌从事的劳动。

第六十条 不得安排女职工在经期从事高处、低温、冷水作业和国家规定的第三级体力劳动强度的劳动。

第六十一条 不得安排女职工在怀孕期间从事国家规定的第三级体力劳动强度的劳动和孕期禁忌从事的劳动。对怀孕 7 个月以上的女职工，不得安排其延长工作时间和夜班劳动。

第六十二条 女职工生育享受不少于 90 天的产假。

第六十三条 不得安排女职工在哺乳未满 1 周岁的婴儿期间从事国家规定的第三级体力劳动强度的劳动和哺乳期禁忌从事的其他劳动，不得安排其延长工作时间和夜班劳动。

第六十四条 不得安排未成年工从事矿山井下、有毒有害、国家规定的第四级体力劳动强度的劳动和其他禁忌从事的劳动。

第六十五条 用人单位应当对未成年工定期进行健康检查。

《中华人民共和国收养法》

（1991 年 12 月 29 日第七届全国人民代表大会常务委员会第二十三次会议通过，根据 1998 年 11 月 4 日第九届全国人民代表大会常务委员会第五次会议《关于修改 <中华人民共和国收养法> 的决定》修正）

第一章 总 则

第一条 为保护合法的收养关系，维护收养关系当事人的权利，制定本法。

第二条 收养应当有利于被收养的未成年人的抚养、成长，保障被收养人和收养人的合法权益，遵循平等自愿的原则，并不得违背社会公德。

第三条 收养不得违背计划生育的法律、法规。

第二章 收养关系的成立

第四条 下列不满 14 周岁的未成年人可以被收养：

（一）丧失父母的孤儿；

（二）查找不到生父母的弃婴和儿童；

（三）生父母有特殊困难无力抚养的子女。

第五条 下列公民、组织可以作送养人：

（一）孤儿的监护人；

（二）社会福利机构；

（三）有特殊困难无力抚养子女的生父母。

第六条　收养人应当同时具备下列条件：

（一）无子女；

（二）有抚养教育被收养人的能力；

（三）未患有在医学上认为不应当收养子女的疾病；

（四）年满30周岁。

第七条　收养三代以内同辈旁系血亲的子女，可以不受本法第四条第三项、第五条第三项、第九条和被收养人不满14周岁的限制。

华侨收养三代以内同辈旁系血亲的子女，还可以不受收养人无子女的限制。

第八条　收养人只能收养一名子女。

收养孤儿、残疾儿童或者社会福利机构抚养的查找不到生父母的弃婴和儿童，可以不受收养人无子女和收养一名的限制。

第九条　无配偶的男性收养女性的，收养人与被收养人的年龄应当相差40周岁以上。

第十条　生父母送养子女，须双方共同送养。生父母一方不明或者查找不到的可以单方送养。

有配偶者收养子女，须夫妻共同收养。

第十一条　收养人收养与送养人送养，须双方自愿。收养年满10周岁以上未成年人的，应当征得被收养人的同意。

第十二条　未成年人的父母均不具备完全民事行为能力的，该未成年人的监护人不得将其送养，但父母对该未成年人有严重危害可能的除外。

第十三条　监护人送养未成年孤儿的，须征得有抚养义务的人同意。有抚养义务的人不同意送养、监护人不愿意继续履行监护职责的，应当依照《中华人民共和国民法通则》的规定变更监护人。

第十四条　继父或者继母经继子女的生父母同意，可以收养继子女，并可以不受本法第四条第三项、第五条第三项、第六条和被收养人不满14周岁以及收养一名的限制。

第十五条　收养应当向县级以上人民政府民政部门登记。收养关系自登记之日起成立。

收养查找不到生父母的弃婴和儿童的，办理登记的民政部门应当在登记前予以公告。

收养关系当事人愿意订立收养协议的，可以订立收养协议。

收养关系当事人各方或者一方要求办理收养公证的，应当办理收养公证。

第十六条　收养关系成立后，公安部门应当依照国家有关规定为被收养人办理户口登记。

第十七条　孤儿或者生父母无力抚养的子女，可以由生父母的亲属、朋友抚养。

抚养人与被抚养人的关系不适用收养关系。

第十八条　配偶一方死亡，另一方送养未成年子女的，死亡一方的父母有优先抚养的权利。

第十九条　送养人不得以送养子女为理由违反计划生育的规定再生育子女。

第二十条　严禁买卖儿童或者借收养名义买卖儿童。

第二十一条　外国人依照本法可以在中华人民共和国收养子女。

外国人在中华人民共和国收养子女，应当经其所在国主管机关依照该国法律审查同意。收养人应当提供由其所在国有权机构出具的有关收养人的年龄、婚姻、职业、财产、健康、有无受过刑事处罚等状况的证明材料，该证明材料应当经其所在国外交机关或者外交机关授权的机构认证，并经中华人民共和国驻该国使领馆认证。该收养人应当与送养人订立书面协议，亲自向省级人民政府民政部门登记。

收养关系当事人各方或者一方要求办理收养公证的，应当到国务院司法行政部门认定的具有办理涉外公证资格的公证机构办理收养公证。

第二十二条　收养人、送养人要求保守收养秘密的，其他人应当尊重其意愿，不得泄露。

第三章　收养的效力

第二十三条　自收养关系成立之日起，养父母与养子女间的权利义务关系，适用法律关于父母子女关系的规定；养子女与养父母的近亲属间的权利义务关系，适用法律关于子女与父母的近亲属关系的规定。

养子女与生父母及其他近亲属间的权利义务关系，因收养关系的成立而消除。

第二十四条　养子女可以随养父或者养母的姓，经当事人协商一致，也可以保留原姓。

第二十五条　违反《中华人民共和国民法通则》第五十五条和本法规定的收养行为无法律效力。

收养行为被人民法院确认无效的，从行为开始时起就没有法律效力。

第四章　收养关系的解除

第二十六条　收养人在被收养人成年以前，不得解除收养关系，但收养人、送养人双方协议解除的除外，养子女年满10周岁以上的，应当征得本人同意。

收养人不履行抚养义务，有虐待、遗弃等侵害未成年养子女合法权益行为的，送养人有权要求解除养父母与养子女间的收养关系。送养人、收养人不能达成解除收养关系协议的，可以向人民法院起诉。

第二十七条　养父母与成年养子女关系恶化、无法共同生活的，可以协议解除收养关系。不能达成协议的，可以向人民法院起诉。

第二十八条　当事人协议解除收养关系的，应当到民政部门办理解除收养关系的登记。

第二十九条　收养关系解除后，养子女与养父母及其他近亲属间的权利义务关系即行消除，与生父母及其他近亲属间的权利义务关系自行恢复，但成年养子女与生父母及其他近亲属间的权利义务关系是否恢复，可以协商确定。

第三十条　收养关系解除后，经养父母抚养的成年养子女，对缺乏劳动能力又缺乏生活来源的养父母，应当给付生活费。因养子女成年后虐待、遗弃养父母而解除收养关系的，养父母可以要求养子女补偿收养期间支出的生活费和教育费。

生父母要求解除收养关系的，养父母可以要求生父母适当补偿收养期间支出的生活费和教育费，但因养父母虐待、遗弃养子女而解除收养关系的除外。

第五章　法律责任

第三十一条　借收养名义拐卖儿童的，依法追究刑事责任。

遗弃婴儿的，由公安部门处以罚款；构成犯罪的，依法追究刑事责任。

出卖亲生子女的，由公安部门没收非法所得，并处以罚款；构成犯罪的，依法追究刑事责任。

第六章　附　则

第三十二条　民族自治地方的人民代表大会及其常务委员会可以根据本法

权益保护篇

的原则，结合当地情况，制定变通的或者补充的规定。自治区的规定，报全国人民代表大会常务委员会备案。自治州、自治县的规定，报省或者自治区的人民代表大会常务委员会批准后生效，并报全国人民代表大会常务委员会备案。

第三十三条　国务院可以根据本法制定实施办法。

第三十四条　本法自 1992 年 4 月 1 日起施行。

联合国及相关国际组织有关青少年权益保护的法律、法规

（一）国际青少年法律与权益保护制度概述

根据国际社会在青少年权利的认知上的不同侧重，青少年的法律与权益保护制度可以大致划分为 2 个发展阶段：早期是从人权的角度看待青少年的权利，近期则把青少年的权利作为经济、社会发展的影响因素来处理。90年代初期以前，国际社会对于青少年问题的认识主要是在人权领域，青少年的社会地位和政治权利是关注的焦点。由于青少年的权利越来越受到广泛的重视，国际社会和各国政府开始采取一系列改善青少年状况的措施。

在这个过程中，青少年这一群体的发展对一国乃至全世界的经济、社会全面发展的推动作用日益显现出来，并得到了国际社会的普遍认同，各国政府开始将青少年发展纳入本国的经济社会发展规划。国际社会同时也致力于青少年的发展，有关青少年发展的各类会议相继召开，各类文件、公约相继出台。

1. 青少年权利保护的国际会议

在最近50 多年所举行的有关国际会议中，国际人权大会、联合国青少年会议、区域性的青少年会议等都强调了对青少年权利的保护。

（1）国际人权大会

1968 年联合国第一次国际人权会议通过了《德黑兰宣言》，提出了促进人权的途径和方法，要求各国致力于人权的发展。1993 年联合国第二次世界人权大会通过了《维也纳宣言》和《行动纲领》，确认妇女和女童的人权是普遍性人权当中不可分割的组成部分，并促请各国和联合国将促进妇女充分平等地享有所有人权列为"优先事项"。

（2）联合国青少年会议

①关于儿童的会议：1990 年世界儿童问题首脑会议（纽约），制定了

90年代儿童发展的24项全球性目标，形成《儿童生存保护和发展世界宣言》和《执行90年代<儿童生存保护和发展世界宣言>的行动计划》2个文件；1996年召开了反对对儿童商业性剥削世界大会等。

②关于青年的会议：1970年联合国举办了首次世界青年大会；1985年的联合国青年世界大会，通过了《联合国关于进一步规划及推进青年领域工作的行动纲领》；1995年联合国大会召开青年问题特别会议，审议通过了《到2000年及其后世界青年行动纲领》；1998年在葡萄牙的布拉加召开非政府组织的第二次联合国系统世界青年论坛，通过了《布拉加青年行动计划》；同年，于葡萄牙里斯本召开第一次世界政府负责青年事务部长大会，通过了《青年、政策和活动里斯本宣言》。

（3）区域性青少年会议

①关于儿童的会议：1991—2001年东亚和太平洋地区儿童发展部长级磋商会议——1991年在曼谷召开；1993年在马尼拉召开，发表《马尼拉——致意见书》；1996年在河内召开，发表《河内宣言》；1998年在曼谷召开，发表《曼谷宣言及行动纲领》；2001年在北京召开，发表《北京宣言》。

②关于青年的会议：在亚洲和太平洋地区，联合国地区性组织——亚洲和太平洋地区经济社会发展委员会与联合国教科文组织及亚洲和太平洋地区青年组织集体协商、合作，在泰国召开了该地区青年组织关于世界青年论坛的预备会议；亚洲和太平洋地区经济社会委员会在泰国召开了多次亚太地区青年人力资源发展政府间大会。

2. 青少年人权与发展的国际文件

国际社会对青少年权利越来越重视，重要表现之一是关于青少年人权与发展的文件不断出台和落实。纵观50多年来的重要国际文件，有代表性的主要有：

1948年联合国《世界人权宣言》，规定儿童有权享受特别照料和帮助；

1955年联合国《防止青少年犯罪：附防止青少年犯罪问题的报告》；

1956年第8届海牙国际司法会议上制定的《儿童抚养义务法律适用公约》和1958年制定的《儿童抚养义务决定的承认和执行》，并在1973年对以上2公约进行修改；

1959年联合国《儿童权利宣言》，明确各国儿童应享有的各项基本权利；

1965 年联合国《关于在青年中促进和平以及互相尊重和理解的宣言》，提出了关于青年权利的 6 项基本原则，成为联合国系统颁布一系列专门青年政策的先导；

1985 年联合国《关于进一步规划及推进青年领域工作的行动纲领》，确定了联合国系统在青年领域的新战略，青年社会发展模式从狭隘的经济目标向更为广泛的社会目标转移，这对青年潜能的实现具有重要作用；

1985 年《联合国少年司法最低限度标准规则》，旨在促进少年福利，尽量减少司法干预，对触犯法律的少年给予有效、公平、合乎人道的处遇，既保护青少年的健康成长，又维护社会的安宁；

1986 年联合国《关于儿童保护和儿童福利，特别是国内和国际寄养和收养办法的社会和法律原则宣言》；

1989 年联合国《儿童权利公约》，本公约是集政治权、文化权、经济权、社会权和民权于一身的权利公约，全方位关注儿童；

1990 年《联合国保护被剥夺自由少年规则》，要求在司法运作的各个阶段，将少年与成年人区分开来；

1990 年《联合国预防少年犯罪规则》，规定了预防少年犯罪的 6 项基本原则等。

1995 年联合国《到 2000 年及其后世界青年行动纲领》，面对新千年中青年人可能遇到的挑战，提出了世界青年的行动纲领；

（二）国际青少年法律与权益保护制度国际公约

国际青少年法律与权益保护制度国际条约构筑了保护青少年的国际准则，体现了保护青少年的国际标准，为各国国内立法树立了范本。这些国际公约以保护青少年的权利为核心，提出许多在实践中操作性非常强的途径、措施。这对促进世界各国青少年事业的发展起到重大的推动作用，表明国际社会对于青少年权利的关注，同时也表明世界各国为实现青少年权利而进行全球合作的决心。这些国际性法律文件在保护青少年利益，推进各国青少年立法与少年司法制度的建设上，已经产生并将继续产生深远的影响。

1. 《儿童权利公约》

（1）《儿童权利公约》的产生背景

顾名思义，《儿童权利公约》是一项保护儿童权利，具有国际法约束力的国际公约。1978 年第 33 届联合国大会通过决议，决定成立《儿童权利公约》起草工作组。起草工作组于 1979 年开始工作。联合国人权委员会的各成员国，许多其他国家和国际组织分别作为正式成员和观察员参与了起草工作。工作组每年召开一次为期 2 周的会议，历时 10 年，于 1989 年初完成了起草工作。1989 年是《儿童权利宣言》通过 30 周年和国际儿童节 10 周年，同年 11 月 20 日，第 44 届联合国大会第 25 号决议一致通过了《儿童权利公约》，并于 1990 年 1 月 26 日向各国开放，供签署、批准和加入。当天就有 61 个国家签署了该公约；公约从 1990 年 9 月 2 日生效。截止到 1999 年，全世界已有 191 个国家被批准加入《儿童权利公约》，全世界 96% 的儿童生活在缔约国中。《儿童权利公约》是联合国历史上加入国家最多的国际公约。

（2）《儿童权利公约》的主要内容

《儿童权利公约》由序言和 54 项条款组成，分为 4 部分：序言部分回顾了《联合国宪章》的原则以及有关人权的宣言和公约中的条款；第 1～41 条是实质性条款，这一部分包括儿童的定义、《儿童权利公约》的 4 项原则以及儿童应当享有的生存权、受保护权、发展权和参与权的具体内容；第 42～45 条是程序性条款，这一部分规定缔约国有定期提交执行公约情况报告的义务，联合国儿童权利委员会负责审议各缔约国的报告，并规定了儿童权利委员会的组成和任期；第 46～54 条是最后条款，这一部分涉及公约的签署、批准、加入、生效、修改、保留、退出等事项。

关于《儿童权利公约》适用主体范围，公约第 1 条规定："儿童系指 18 岁以下的任何人，除非对其适用之法律规定成年年龄低于 18 岁。"公约还要求缔约国尊重公约所列的权利，并确保其管辖范围内的每一个儿童均享有这些权利，不因儿童或其父母或法定监护人的种族、肤色、性别、语言、宗教、政治，或其他见解、民族、族裔，或社会出身、财产、伤残、出生或其他身份而有任何差别。

作为核心部分的儿童权利，公约提到的儿童权利多达几十种，如姓名权、国籍权、受教育权、健康权、医疗保健权、受父母照料权、娱乐权、闲暇权、隐私权、表达权等。但其最基本的权利可以概括为 4 种，即：生存权、受保护权、发展权、参与权。

公约规定的保护儿童权利的基本原则有：

一是儿童最大利益原则。简单地说，是指涉及儿童的一切行为，必须首先考虑儿童的最大利益。

二是尊重儿童基本权利的原则。意指所有儿童都享有生存和发展的权利，应最大限度地确保儿童的生存和发展。公约要求缔约国确认每个儿童均有固有的生命权，缔约国应最大限度地确保儿童的存活与发展。

三是无歧视原则。每一个儿童都平等地享有公约所规定的全部权利，儿童不应因其本人及其父母的种族、肤色、性别、语言、宗教、政治观点、民族、财产状况和身体状况等受到任何歧视。

四是尊重儿童观点的原则。任何事情涉及儿童，均应听取儿童的意见。缔约国应确保有主见能力的儿童有权对影响到其本人的一切事项自由发表自己的意见，对儿童的意见应按照其年龄和成熟程度给以适当地看待。为此，还特别赋予儿童在任何司法和行政诉讼中陈述意见的权利。

2. 《儿童生存、保护和发展世界宣言》

为了贯彻执行《儿童权利公约》，联合国世界儿童问题首脑会议于1990年9月30日在纽约联合国总部召开，这是历史上第一次专门讨论儿童问题的首脑会议。会议通过了《儿童生存、保护和发展世界宣言》（以下简称《宣言》）。

《宣言》开宗明义指出，举行世界儿童问题首脑会议的目的在于作出共同的承诺，并向全世界紧急呼吁："让每个儿童有更好的未来。"《宣言》还分析了儿童权利保护工作所面临的挑战与机会。正文部分由任务、承诺、以后的步骤3个部分组成。

《宣言》第10条提出当前儿童权利保护工作的第一项责任是"改善儿童的健康状况和营养"，这样就可以挽救千千万万男女儿童的生命，大大降低儿童的死亡率。同时，《宣言》还要求给予残疾儿童和处境非常困难的儿童更多的关心、照顾和支持，加强妇女的作用，保护将要分娩母亲的安全，以有利于全世界的儿童；保障儿童的基本受教育权也是世界儿童发展的重要体现。同时，经济条件也大大影响儿童的命运，所以世界各国，特别是发展中国家，为了所有儿童的未来，需要紧迫地保证或恢复所在国家的持久和持续的经济增长和发展，解决负债过度所面临的外债问题。这一切过程的最终任务是使儿童在一个安全、保护性的环境中能够发现自己的特性，认识到自己的价值，使他们准备好在一个自由的社会负责任地生活。从他们的童年起，就应鼓励他们参与他们社会的文化生活。

《宣言》提出了保护儿童和改善生活的 10 点方案，即各国政治首脑对儿童权利，对他们的生存以及对他们的保护和发展给予高度优先的承诺。主要内容包括：推动尽早批准和执行 1989 年第 44 届联合国大会通过的《儿童权利公约》，保证儿童的生存、卫生和教育以及保护他们免受暴力和剥削等方面的最低标准；促进世界各国采取全国范围和国际性的行动，以增进儿童健康；努力使每一个儿童免受饥饿、营养不良和饥荒；努力加强妇女的作用和地位；做好儿童的养育和照料工作；制订减少文盲、提供教育和就业机会的方案；改善生活在特殊困难环境中的儿童的命运；保护儿童免遭战争之灾祸；保护环境以使所有儿童享有一个更为安全和健康的未来；向贫穷发起全球性的进攻，促进儿童福利等。

3.《北京宣言》

（1）《北京宣言》的诞生

2001 年 5 月，中国政府在北京成功地主办了"第 5 次东亚及太平洋地区儿童发展问题部长级磋商会议"，为即将召开的联合国儿童问题特别联合国大会做筹备工作，并顺利通过了指导本地区未来 10 年儿童发展的战略文件《北京宣言》。这是当今世界极具代表性的儿童权利保护的区域性文件。

（2）《北京宣言》的主要内容

《北京宣言》分为前言、借鉴教训和进展回顾、未完成的使命、2001—2010 年的挑战和任务、原则和战略、承诺、北京会议及以后、结束语等几部分，全文约 3400 字，提出"儿童的福祉是国家议程的中心，是国民经济和社会进步最重要的指标"的观点。

除上述借鉴教训和进展回顾、未完成的使命 2 部分外，《北京宣言》还提出未来 10 年（2001—2010 年）本地区儿童事业的主要任务和挑战：确保继续实施儿童权利公约和消除对妇女一切形式歧视的公约；作出具体努力，以确保儿童权利得到充分尊重；努力实现尚未实现的世界儿童问题首脑会议所确定的目标，特别是减少孕妇产妇死亡和营养不良；实现普遍享有安全饮水和环境卫生等；减少差异、歧视和不公平；充分认识和阻止艾滋病在亚洲的蔓延；保护所有儿童免遭各种形式的暴力、虐待和剥削，以及确保儿童和青年积极和充分地参与对其有影响的决策等。

为应对上述挑战与任务，《北京宣言》列举了以下指导原则和策略：寻求广泛合作支持全球儿童运动；用来已实现的儿童权利的情况来监测和评估所取得的成果；把儿童福祉置于国家规划的中心；促进和保护所有儿童的最大利益；加强国家和地方各级的行动计划；完善备灾机制，加强社会保障；提高父母、家庭、社会服务人员和其他服务人员的能力；避免经济全球化带来的负面影响，充分利用全球信息和通讯革命带来的机遇；建立用于监测贫困和弱势群体情况及进展的指标和系统，直至基层的行政管理等等。

4.《到 2000 年及其后世界青年行动纲领》

（1）《到 2000 年及其后世界青年行动纲领》的产生背景

国际社会对于青少年的保护一般表现为 2 种情况：①对儿童的保护，例如上述 3 个国际文件保护的主体主要是未满 18 周岁的儿童，即我国习惯所称的未成年人；②对世界青年的保护。根据联合国大会 1985 年"国际青年年"的规定，青年所指年龄段为 15～24 周岁。《到 2000 年及其后世界青年行动纲领》（以下简称《行动纲领》）则是联合国在 1995 年召开的世界青年问题特别会议上为了解决 21 世纪所面对的世界青年问题，制定到 2000 年及其以后的世界青年政策而审议通过的一份重要文件。《行动纲领》是迄今为止国际社会关于青年问题的第一个全面系统的纲领性国际文件，为世界青年领域状况的改善作出了巨大贡献。

（2）《行动纲领》的主要内容

《行动纲领》提出了改善青年状况需要优先解决的教育、就业、饥饿与贫困、健康、环境、滥用毒品、青少年犯罪、闲暇活动、女孩和妇女、青年全面而有效参与社会生活和决策过程等 10 个领域的问题。

①教育问题方面。《行动纲领》正视广大青年教育方面所面临的问题。《行动纲领》提议提高青年人基础教育、技能培训和识字水平；制定或加强教育青年人了解其社会和其他社会及全世界文化遗产的方案；在青年中树立相互尊重和了解以及和平、团结和容忍的理想；建立或加强适应目前和未来就业条件的职业和技术培训；促进人权教育；开展国际合作，制定企业培训方案；鼓励加强培训青年工人和青年领导人的基础设施建设。

②就业问题方面。《行动纲领》针对世界到处都有青年失业和就业不足问题，提议各国政府和各组织鼓励和支持实施合作社计划，设立青年开发

银行，帮助青年人创造各种自营职业的机会；酌情在指定青年就业机会的经费范围内，划拨资源为处于特定困难的青年群体提供就业机会；建议尚未执行青年自愿服务方案的国家政府，提倡青年自愿参与社区服务；各国政府，特别是发达国家政府，应当鼓励在一些因技术创新而迅速演变的领域为青年人创造就业机会，加强培训机构与高技术产业中青年雇员间的合作，为青年人创造就业机会，以满足技术变革造成的需要。

③饥饿与贫穷问题方面。面对全世界有 10 亿人生活在恶劣的贫穷条件中的境况，《行动纲领》提议，加强农村地区的文化教育服务，加强城乡青年交流，使耕作更有收益和农业地区社会更具吸引力；各国政府应同青年组织合作，制定改善农业生产和销售方法的青年培训方案，为青年人提供能赚取收入的技能培训；各国政府在财政和技术援助及培训的支持下，向青年和青年组织发放土地，鼓励青年志愿组织在各国农村发展计划下，与有关国际组织合作执行改善和维持农村及城市环境的项目；为了缓解粮食短缺，减少粮食储存系统及运往市场的系统不良所造成的损失，加强城市与农村青年在粮食生产和分配方面的合作。

④健康问题方面。《行动纲领》提议，为了每一个人和整个社会的利益，所有青年人都应有机会获得基本保健服务，各国政府均应制定或增订国家行动计划或方案，提供基本保健服务，以确保人人有机会不受歧视地获得基本保健服务，包括卫生和饮用水；保护健康；促进营养教育和预防性保健方案；宣传保健知识和实践，积极发展卫生教育；促进保健服务，包括性健康和生殖健康，并制定有关这些领域的教育方案；继续进行国际合作和作出全球性努力，遏制艾滋病；防止青年因卫生习惯不良而生病；考虑各国政府在国际一级合作消除对青年人的性虐待；防止青年人营养不良。

⑤环境问题方面。《行动纲领》提议，学校课程应将环境教育纳入教育和培训方案；促进国际社会向青年传播关于环境问题的信息，并促进青年利用无害环境的技术；加强青年参加环境的保护、保存和改善工作；加强媒体向青年大众广泛传播环境问题的作用。

⑥药物滥用问题方面。《行动纲领》提议，青年组织和青年应积极参加为青年人制定的减少需求方案；培训医学院学生和医务辅助学生明智使用含有麻醉药物或精神药物的药剂；加强对滥用药物或依赖药物的青年人以

及年轻的酗酒者和烟草使用者的治疗和康复；刑事司法和监狱系统中对滥用药物和依赖药物的青年犯罪嫌疑人和罪犯应予以特别照顾。

⑦少年犯罪问题方面。《行动纲领》提议，各国政府要优先重视少年违法和少年犯罪的各种问题，应特别注意预防政策和方案；为了预防暴力和犯罪，应制订资助性社会政策，在法律框架内促进社会结构的发展，特别要诉诸青年组织和社区的参与；预防措施应正视犯罪的根本原因，向有犯罪历史的人提供改造服务和方案，而且应保护被监禁的青年人的人权等。

⑧闲暇活动问题方面。《行动纲领》提议，各国政府应将闲暇活动作为在青年组织积极参与下规划、设计和执行青年政策和方案的一个组成部分；将闲暇活动置于优先地位作为教育方案的要素；将闲暇活动纳入城市规划和农村发展方案；鼓励新闻媒体帮助青年人了解和认识到社会融合的所有方面，包括容忍和非暴力行为。

⑨女孩和青年妇女问题方面。《行动纲领》将改善女孩和青年妇女的境况作为青年政策的最重要的任务之一，提议消除对女孩和青年妇女的歧视，并通过全面的政策、行动计划和方案，在平等基础上确保他们充分享有人权和基本自由；确保女孩和青年妇女享有普遍和平等的机会接受和完成小学、中学和大学教育；提倡消除在粮食分配和营养方面对女孩和青年妇女歧视的法律和实践；保护女孩和青年妇女免受经济和有关形式的剥削，使她们不会从事任何可能危害到或妨碍她们教育的工作，或有害她们的健康，或影响身体、思想、精神、道德和社会发展的工作；青年妇女应有获得一切就业的平等机会，并鼓励她们参与传统上由男子控制的部门；各国政府应在国际一级合作立法并强制执行，保护女孩和青年妇女免受一切形式的暴力。

⑩青年充分和有效地参与社会生活和决策问题方面。《行动纲领》提议，增加青年获得信息的途径；鼓励和提倡青年团体的活动；考虑青年的贡献，发展和增加各种机会；鼓励青年组织之间加强交流与合作；邀请各国政府促使青年人进一步参加国际论坛，参加方法包括考虑在其本国出席大会的代表团中列入青年代表。这意味着青年将在21世纪广泛参与到经济、社会、政治、文化等各个领域。

《行动纲领》首次在国际社会中将青年对世界发展的主体性重新加以定义，强调世界各国的青年不仅是促进发展的主要人力资源，也是社会变革、经济发展和技术创新的关键动力。处理青年人的难题和潜力的方式问题将影响到当前的社会和经济状况以及后代的福祉和生活，明确将青年上升到社会发展的战略高度，把青年群体视为 21 世纪人类社会发展的重要推动力量。《行动纲领》不仅认识到青年对社会的巨大推动作用，而且意识到青年是社会的弱势群体，在受教育、健康、闲暇活动等方面存在着许多问题。《行动纲领》指出了解决问题的措施，不仅在理论上出现了许多创新，而且对实践提出了许多可行性方案。

5. 《联合国预防少年犯罪准则》

（1）《北京规则》和《联合国预防少年犯罪准则》

1990 年 8 月 27 日—9 月 7 日在古巴的哈瓦那举行的第 8 届联合国预防犯罪和罪犯处遇大会通过了《联合国预防少年犯罪准则》。由于该准则是在沙特阿拉伯首都利雅得通过的，所以又称《利雅得准则》。此前，国际社会关于少年司法制度方面已有国际条约存在。1985 年 8 月 26 日—9 月 9 日在意大利米兰召开的第 7 届联合国预防犯罪和罪犯处遇大会通过的《联合国少年司法最低限度标准规则》（由于该规则是 1984 年 5 月联合国在北京召开的《青少年犯罪与司法》专题专家会议上讨论、研究、修改、完稿的，所以又称《北京规则》）。

该规则具体规定了从司法角度保护少年的原则，要求缔约国"现行的国家立法、政策和做法事宜需要根据本规则所载的标准进行审查和修改"，"在必要时将《北京规则》纳入本国的立法、政策和实践中，特别是纳入少年司法工作人员的培训中，并使有关当局和广大公众了解这些规定"。与《联合国预防少年犯罪准则》同时通过的还有《联合国保护被剥夺自由少年规则》，面对"被剥夺自由的少年遭受虐待、牺牲以及侵犯其权利的危险性异常严重"，确认了羁押少年的最后手段和对被剥夺自由少年的特殊保护。

（2）《联合国预防少年犯罪准则》的主要内容

《联合国预防少年犯罪准则》（以下简称《准则》）有 66 项条款，分成 7 个部分。该准则确定了 6 项基本原则：将预防少年违法犯罪作为社会预防犯罪的一个关键部分；全社会努力预防少年违法犯罪，确保青少年的均衡发展，从其幼童期尊重和促进其性格的发展；以儿童为中心，发挥青少年的主体能动作用，而不应把他们看做是社会化或控制的对象；根据国家法律制度，青少年从其幼年开始的福利应是任何预防方案所关注的重心；认识到制定进步的预防少年违法犯罪政策以及系统研究和详细拟订措施的必要性和重要性。这些政策和措施包括为满足青少年的不同需要而提供机会；构建预防少年犯罪的法律、程序，建立机构、设施和服务网络；官方干预等。

《准则》应在下列公约广义的范围内予以诠释和执行：《世界人权宣言》、《经济、社会、文化权利条约》、《公民权利和政治权利条约》、《儿童权利宣言》、《儿童权利公约》，并符合《联合国少年司法最低限度标准规则》的内容以及有关儿童和青少年权利、利益和福祉的其他文书和规范。要求每个成员国结合当前的经济、社会和文化条件予以执行。

《准则》制定了包括设立专员主管预防工作等9项总的预防措施。少年的社会化进程是核心部分，《准则》共用34个条文规定了家庭、教育、社区、大众传媒等对预防少年犯罪应负的责任与具体措施。另外，《准则》还从社会政策、立法和少年司法工作、研究政策制定和协调方面做出了应对预防少年犯罪的规定。

6. 特殊领域的公约

以上介绍的4个公约是比较有代表意义的，为国际社会广泛接受的对青少年权利保护的概括性公约。国际社会中还广泛存在着某些特殊领域的专门性公约。主要有《联合国少年司法最低限度标准规则》、《确定准许儿童在海上工作的最低年龄公约》、《确定准许使用儿童于工业工作的最低年龄公约》、《关于儿童保护和儿童福利，特别是国内和国际寄养和收养办法》、《关于未成年人保护的管辖权和法律适用公约》、《抚养儿童义务判决的承认和执行公约》、《抚养儿童义务法律适用公约》等。

(三) 国际青少年法律与权益保护国际组织

1. 联合国

联合国是全球最大、最重要的一般性、普遍性的国际组织。随着第二次世界大战的结束，尤其是20世纪60年代以来，青少年问题随着科技发展、经济一体化而呈现全球化的特点，国际社会的青少年事务需要有一个国际组织来协调，联合国担当重任，青少年事务成为联合国的一个重要议题。半个世纪以来，联合国及其成员国召开了一系列有关青年事务的会议，通过了一系列决议和决定，并将之付诸相应的活动，加强了与有关国家政府部门以及各地区性和跨地区性组织的联系，从而推动了世界青年事务的发展。在联合国组织机构中，联合国儿童基金会、联合国教科文组织与青少年事务关系最为密切，它们对于国际青少年事务的交流、区域青少年工作的开展等都具有巨大的促进作用。

2. 其他国际组织

（1）保护儿童权利的国际组织

这一国际组织主要包括国际救助儿童联盟、世界儿童组织、英国救助儿童会、欧洲健康促进学校网络、世界卫生组织、国际社区援助基金等。

（2）保护青年权利的国际组织

这一国际组织主要包括：国际青年合作基金会、世界青年大会、亚洲青年理事会、世界民主青年联盟、欧洲民主青年社团、拉丁美洲大陆学生组织、社会党国际青年联盟、拉美和加勒比青年中心等。

（四）国际青少年法律与权益保护国际标准

国际青少年法律与权益保护国际标准，又称国际青少年法律与权益保护基本原则，是指那些为国际社会所公认的，具有普遍意义，并构成国际青少年法律与权益保护法律制度基础的法律原则。这些国际标准主要包括：

1. 最大利益原则

儿童权利保护的"最大利益原则"最早产生于联合国大会 1959 年决议宣布通过的《儿童权利宣言》。1989 年联合国《儿童权利公约》对"最大利益原则"的最终确立，具有里程碑意义。该公约第 3 条第 1 款明确规定："关于儿童的一切行动，不论是由公私社会福利机构、法院、行政当局或立法机构执行，均应以儿童的最大利益为一种首要考虑。"儿童保护最大利益原则，简单地说，是指涉及儿童的一切行为，必须首先考虑儿童的最大利益，即社会和成人做决定时应考虑到并符合儿童的最高利益。儿童权利保护的最大利益原则是处理儿童有关问题应当遵守的根本原则，也是制定保护儿童权利法律的指导思想。许多国家还采取了有力措施，甚至已将"最大利益原则"转化为国内立法，指导国家在儿童领域中的行为。

《儿童权利公约》确认的儿童权利保护的"最大利益原则"具有 2 大现实意义。①它将"最大利益原则"法制化，赋予其条约法的效力。用法律处理儿童权利保护问题，提高各国对儿童事务的制度化建设，保证国家行动的合法性，是当今儿童权利保护工作的必然要求，也是儿童受到国际社会关心的一种最强有力的反映，它将影响到当今社会和经济状况以及世界的可持续发展问题。尽管"最大利益原则"的涵义还存在着不确定性，但有一点是很明确的，即着眼于保护儿童是其根本目的。②它确立了"涉及儿童的任何行动"都应考虑儿童的最大利益的理念。在这一理念的指导下，各国政府越来越重视儿童权利的保护，区域合作与全球交流渐增，政府和非政府组织相互配合，有效地推动了儿童事务全方位的发展及其立体运转体系的形成。

2. 无歧视原则

1959 年联合国《儿童权利宣言》把"无歧视原则"作为儿童权利保护的首要原则。无歧视原则也称平等原则、公正原则，指对儿童的保护应面向全体儿童，不能保护一部分儿童权利而忽视或排斥另一部分儿童权利，而且儿童应在不受任何歧视的情况下享有他们的一切权利，不受身心的伤害或区别待遇，儿童之间、儿童与成人之间在法律面前是平等的，要平等对待每个儿童。

3. 特殊保护原则

儿童作为特殊保护主体是指基于生理或肌体等自然方面的原因而处于特别地位，因而需要特别的保护，是儿童由于具有特殊情况而享有的权利。严格意义上讲，这种特殊保护已经超出了人权的范畴，突破了法律面前人人平等的界限，具有特权的属性。但不保护好儿童的"特权"，就无法保障其长大成人后的"人权"，因此这种"特权"是为实现普遍的人权提供必要条件和手段。该原则要求：①对儿童的特殊保护首先要求立法上的特殊保护。②为了贯彻执行立法上对儿童的特殊保护，还需要在司法实践中予以儿童特殊保护。

4. 尊重儿童原则

"尊重儿童原则"作为保护儿童权利的一个概括性原则，只要提倡保护儿童就意味着尊重儿童，所以自从 1899 年美国伊利诺伊州制定全世界历史上第一部青少年法规——《少年法庭法》开始，直到第二次世界大战后，为了应对日益成为一个国际化、普遍化的青少年犯罪问题所出台的一些保护青少年的国际性法律文件，都体现了尊重儿童的原则。但是，早期的尊重儿童原则具有时代局限性和阶级局限性，随着国家、社会的不断发展、进步，时代又赋予尊重儿童原则新的内涵和特点。1990 年，《儿童权利公约》（以下简称《公约》）真正确立了尊重儿童原则。

《公约》体现的尊重儿童原则包含 2 个含义：尊重儿童基本权利和尊重儿童的观点。《公约》指出科学的儿童观应是："成人要仔细倾听儿童的声音，形成尊重儿童的社会风气和氛围，促进儿童进一步从真正意义上参与与自己有关的事务，促进儿童的民主意识、健康个性和创造力的发展。"

要充分尊重儿童，首先要求思想观念的转变，突破传统的儿童观、亲子观，重视儿童的社会主体性价值，把儿童看做是一个具有人格尊严的人，对社会发展具有能动作用的人。其次要求建立相应的保障儿童权利的制度体系，例如立法上确认非婚子女的认领制度、建立独特的青少年司法制度，对儿童的帮助教育都应该在保护儿童尊严、尊重儿童人格的前提下进行等等。尊重儿童原则所包含的尊重儿童基本权利和尊重儿童的观点，实际上是要求对以生存权、受保护权、发展权、参与权为核心的基本权利的保护。《儿童权利公约》确定的儿童基本权利主要有：

①儿童的生存权。包括生命权、健康权和医疗保健权。

②儿童的受保护权。这项权利是尊重儿童、平等对待每一个儿童、反对歧视儿童的具体体现。

③儿童的发展权。发展权是指儿童拥有充分发展其全部体能和职能的权利。

④儿童的参与权。参与权是指儿童有自由参加家庭、文化和社会生活的权利。

我国青少年法律与权益保护制度的发展

1. 我国青少年法律特别保护制度的发展

党和政府　贯重视青少年及儿童的健康成长。新中国建立以后的几部《宪法》都原则地规定了国家对于儿童的保护责任。许多法律都涉及青少年保护的内容。此外，许多法令、条例、指示、通令、通告、政策文件中也有大量保护、教育青少年与儿童的内容。迄今，以分散或集中形式出现的有关青少年的特别保护的立法主要包括如下内容：

①宪法。《宪法》第 46 条规定公民有受教育的权利与义务，国家培养青少年与儿童全面发展；第 49 条规定儿童受国家保护，父母对未成年人履行抚养义务，禁止虐待儿童。

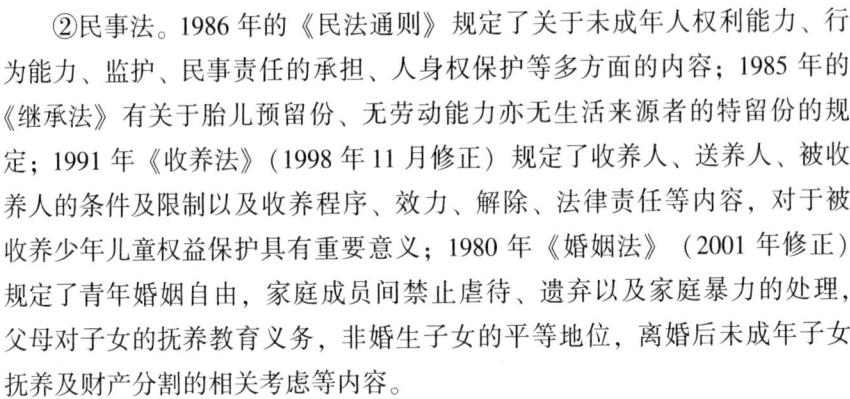

②民事法。1986 年的《民法通则》规定了关于未成年人权利能力、行为能力、监护、民事责任的承担、人身权保护等多方面的内容；1985 年的《继承法》有关于胎儿预留份、无劳动能力亦无生活来源者的特留份的规定；1991 年《收养法》（1998 年 11 月修正）规定了收养人、送养人、被收养人的条件及限制以及收养程序、效力、解除、法律责任等内容，对于被收养少年儿童权益保护具有重要意义；1980 年《婚姻法》（2001 年修正）规定了青年婚姻自由，家庭成员间禁止虐待、遗弃以及家庭暴力的处理，父母对子女的抚养教育义务，非婚生子女的平等地位，离婚后未成年子女抚养及财产分割的相关考虑等内容。

③刑法。总则中有关于未成年人刑事责任年龄及量刑原则、不适用死刑等的规定；分则中确立了一些专门或主要有利于青少年及儿童保护的罪名，主要包括性犯罪类、淫秽物品犯罪类以及拐卖儿童犯罪类、家庭虐待或遗弃犯罪类。

④行政法。1986 年《治安管理处罚条例》（1994 年 5 月 12 日修正）及 1996 年《行政处罚法》中有关于未成年人违法行为处理的原则以及对于侵害未成年人权益行为的处罚规定。监狱、劳教等方面有 1982 年《劳动教养试行办法》、1993 年《卖淫嫖娼人员收容教养办法》、1994 年《监狱法》等法律、法规。文化教育方面有 1986 年《义务教育法》及其《实施细则》、1989 年《幼儿园管理条例》、1993 年《教师法》、1995 年《教师资格条例》、1995 年《教育法》、1996 年《职业教育法》等。体育卫生方面有 1994 年《母婴保健法》及其实施办法、1995 年《体育法》等。

⑤程序法。1979 年《刑事诉讼法》（1996 年修正）、1991 年《民事诉讼法》、1995 年《公安机关办理未成年人违法犯罪案件的规定》等。

⑥社会保障、劳动及其他综合立法。1991 年《未成年人保护法》、1991 年《禁止使用童工规定》、1994 年《劳动法》、1994 年《未成年工特殊保护规定》、1999 年《预防未成年人犯罪法》、2003 年《法律援助条例》等等。

由此可见，我国青少年保护的立法范围相当广泛，涉及关乎青少年生存、发展的各个方面。其中尤其值得一提的是 2 项专门立法——1991 年《未成年人保护法》与 1999 年《预防未成年人犯罪法》的诞生，标志着我国青少年法律特别保护制度体系的初步形成，具有里程碑意义。

《未成年人保护法》与大部分未成年人保护地方性法规的基本结构相

似，主体包括 4 部分：①第一章总则，规定未成年人保护法的立法宗旨、未成年人保护的原则等；②第二、三、四章分别规定家庭保护、学校保护、社会保护，并把未成年人正常生活、学习、成长的阶段与环境概括为 3 个方面，进而规定各方面的义务；③第五章司法保护，就违法犯罪的未成年人或继承、离婚等民事案件中涉及的未成年人的特别保护，规定司法机关应承担的义务；④第六章法律责任。

2006 年 12 月 29 日，第十届全国人民代表大会常务委员会第二十五次会议修订通过了《未成年人保护法》，修订后的《未成年人保护法》自 2007 年 6 月 1 日起施行。该法的修订对于优化未成年人成长环境，维护未成年人合法权益，促进未成年人健康成长，构建社会主义和谐社会具有十分重要的意义。

《未成年人保护法》颁布后，最高人民法院、最高人民检察院、公安部、司法部等国家机关也做出了与之配套的司法解释或规定，调整和规范本系统相关工作，贯彻执行《未成年人保护法》。如 1992 年 9 月 22 日《关于认真开展未成年人检察工作的通知》、1995 年 5 月 2 日《最高人民法院关于办理未成年人刑事案件适用法律的若干问题的解释》、1995 年 10 月 23 日《公安机关办理未成年人违法犯罪案件的规定》等。

同时，除了在《未成年人保护法》颁布前已制定类似地方性法规的省、自治区、直辖市外，其余各地也大都依《未成年人保护法》制定了各自的地方性条例或《未成年人保护法》的实施细则。从而初步形成了一个以《宪法》为依据，以《未成年人保护法》为核心，与其他民事、刑事、行政的法律、法规相联系，中央与地方相结合，各部门工作规定相协调，至少在体系上已经比较完善的未成年人保护法规范体系。

另一部专门的青少年法律是《中华人民共和国预防未成年人犯罪法》，该法共 8 章 57 条。《预防未成年人犯罪法》的主体结构是对于不同层次的未成年人不良倾向或不良行为规定社会各方面的义务，以期达到预防、矫治的目的。

2. 我国青少年司法特别保护的发展与特点

20 世纪 80 年代之前，与青少年立法状况相似，青少年司法特别保护在我国并未形成独立的制度。改革开放以后，随着国家法制建设的发展和对于青少年问题的重视，与青少年立法的进程大体一致，青少年司法特别保护的实践逐步走向法制化。

（1）少年法庭及少年案件诉讼程序

相对于国外，我国少年法庭起步较晚。20 世纪 80 年代以前，我国没有专门的少年案件审判机构，进入 80 年代以来经过自身实践摸索，同时借鉴国外经验，少年法庭作为少年司法保护制度的一项重要内容逐步丰富和完善起来。

1984 年底，上海市长宁区人民法院率先试点建立"少年犯合议庭"，专门审理少年刑事案件。随后，天津、北京、江苏等地也相继建立了少年法庭。

我国目前的少年法庭的主要形式有 3 种：①少年刑事案件合议庭。这是我国目前采用的主要形式，其特点是仍然是一个单纯的个案审判组织，不具有独立建制的地位，但在人员组成上比较固定。②少年刑事案件审判庭。其特点是具有独立建制地位，属法院内部一级机构，与其他审判庭平行。③少年案件审判庭，最早于 1987 年出现于江苏省常州市天宁区人民法院，故又称"天宁模式"，其特点在于管辖范围上的扩张：全面受理少年违法、犯罪、保护案件，具有综合性，而不仅限于少年刑事案件。

少年法庭的建立，只是实现了少年审判机构的独立，然而少年案件，尤其少年刑事案件，不仅仅涉及审判机关，同样也涉及公安、检察等其他机关，在这些机关中实现少年案件处理机构的专门化，同样也具有重要意义。我国《未成年人保护法》第 40 条规定："公安机关、人民检察院、人民法院办理未成年人犯罪的案件应当照顾未成年人的身心特点，可以根据需要设定专门机构或指定专人办理"。《关于办理少年刑事案件建立相互配套工作体系的通知》的有关规定则作出了灵活的、过渡性的安排。第 1 条第 2 款："对于少年人犯案件的侦查、预审工作，公安机关应确定专门办案人员或者侧重办理少年人犯刑事案件的人员。"第 2 条："人民检察院应根据办理少年刑事案件的特点和需要，逐步建立专门机构。目前，设立专门机构条件不成熟的，应指定专人负责办理此类案件。"

我国少年案件审理的特殊规定见于以《刑事诉讼法》、《未成年人保护法》、《预防未成年人犯罪法》为主干的各种法律、法规、文件中，综合地形成了少年案件的程序规范体系。概括而言，我国少年案件的程序制度主要包括以下几个特殊方面：

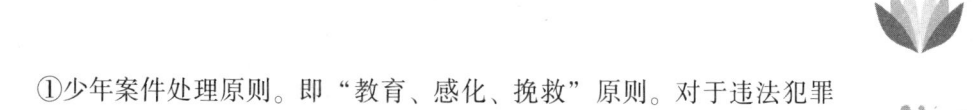

①少年案件处理原则。即"教育、感化、挽救"原则。对于违法犯罪的未成年人，应当坚持教育为主、惩罚为辅，切忌一惩了之、有惩无教的做法。《未成年人保护法》第38条对此作出了明确规定。

②审前分押分管。《未成年人保护法》第4条："公安机关、人民检察院、人民法院对审前羁押的未成年人，应当与羁押的成年人分别看管。"《预防未成年人犯罪法》、《看守所条例》也有相应规定。1991年《关于办理少年刑事案件建立相互配套工作体系的通知》对此也作出了强调。

③不公开审理。1979年《刑事诉讼法》（1996年修正）第125条第2款：14岁以上不满16岁未成年人犯罪的案件，一律不公开审理；16岁以上不满18岁未成年人犯罪的案件，一般也不公开审理。其他相关法律、法规、司法解释亦有规定。未成年人犯罪案件不公开审理，应当理解为不仅庭审不公开，同时也指对于未成年人犯罪的案情、该未成年人的身份及其他可能据以推知该未成年人身份的资料，都不得向公众及媒体公布。

④指定辩护。《刑事诉讼法》第34条第2款规定：被告人为未成年人而没有指定辩护人的，人民法院应当指定承担法律援助义务的律师为其提供辩护。

⑤法定代理人在场。《刑事诉讼法》第14条第2款规定：对于不满18岁的未成年人犯罪案件，在讯问和审判时，"可以"通知犯罪嫌疑人、被告人的法定代理人到场。最高人民法院《关于办理少年刑事案件的若干规定（试行）》第26条则直接规定审判中"应当"通知其法定代理人到场，限制了法官的自由裁量余地。

（2）违法犯罪青少年处遇

"文化大革命"前，我国违法犯罪青少年教育改造的工作已取得一定成就，积累了相当丰富的经验。20世纪50—60年代已建立少管所、工读学校、劳动教养等制度，并总结出青少年犯处遇的"教育、感化、挽救"原则。"文化大革命"后在此基础上不断发展和完善，形成了具有中国特色的较为完整的青少年矫治制度体系。目前我国青少年矫治措施包括刑事、行政，甚至不具有法律意义的社会帮教等内容，具有明显的综合治理特征。

①治安处罚。1986年全国人大通过《治安管理处罚条例》（1995年5月12日修正）。关于未成年人的处罚原则，《治安管理处罚条例》规定"已满14岁不满18岁的人违反治安管理规定的，从轻处罚；不满14岁的人违

反治安管理规定的，免于处罚，但是可以予以训诫，并责令监护人严加管教。"《预防未成年人犯罪法》第 37 条亦有相应规定。

②强制戒毒。1990 年全国人大常委会通过《关于禁毒的决定》，1995 年国务院制定《强制戒毒办法》，规定对于吸食、注射毒品成瘾的人员（戒毒人员），由公安机关决定，安置于强制戒毒所执行强制戒毒。强制戒毒在适用对象上无年龄限制，包括青少年在内。由于青少年吸毒日益严重，成为吸毒大军的主体，并且吸毒与青少年犯罪等社会问题有着密切的联系。加强和改善强制戒毒制度，推进其法制化和规范化，无疑是青少年矫治和保护的一个十分重要的方面。

③工读教育。我国的正读教育始创于 20 世纪 50 年代中期，"文化大革命"后作为一项预防、教育、改造青少年违法者的重要措施得到恢复和完善。1987 年，国务院转发了国家教委、公安部、共青团中央等单位《关于办好工读教育的几点意见》，对工读教育的一系列相关重要问题作出了明确指示。1991 年《未成年人保护法》以及 1999 年《预防未成年人犯罪法》也都确认了工读教育的法律地位。

工读教育的实施场所是工读学校，其性质实际上为教育机构。工读教育招收的对象是 12 ～ 17 周岁有违法、轻微犯罪行为的未成年学生以及被学校开除或退学流浪的青少年。工读教育与普通教育差别在于具有一定强制性和半工半读性。其优点在于保证矫正不误学习，二者相互促进。目前，工读教育已成为我国九年义务教育必不可少的一个补充部分。

④收容教育。针对改革开放以来卖淫嫖娼等丑恶现象死灰复燃并愈演愈烈的现象，1991 年 9 月 4 日第 7 届全国人民代表大会常务委员会第 21 次会议通过了《关于严禁卖淫嫖娼的决定》，规定对卖淫嫖娼人员，除依据《治安管理处罚条例》相关规定给予处罚外，公安机关可以会同有关部门对其进行集中强制教育。根据这一《决定》，1993 年 9 月 4 日国务院发布并自即日起实施的《卖淫嫖娼人员收容办法（试行）》（以下简称《办法》），对收容教育的对象、期限、场所、经费来源等问题作了详细规定。

根据《办法》第 7 条第 1 款规定，收容对象是尚不够劳动教养的卖淫、嫖娼人员。对于未成年卖淫、嫖娼者，同条第 2 款规定不满 14 周岁者不收容。收容教育的期限为 6 ～ 24 个月。收容教育的内容是对卖淫、嫖娼人员进行集中和强制的法律、道德教育，组织参加劳动，进行性病检查等，促使被收容教育人员洗心革面、改掉恶习。

⑤收容教养。我国收容教养制度创建于20世纪60年代，是专为教育、改造14~16周岁触犯刑法而不予处罚的少年设置的矫治措施。现行《刑法》第17条规定"因不满16周岁不处罚的，责令他的家长或其他监护人加以管教，在必要的时候，也可以由政府收容教养。"收容教养14周岁以上的未成年人，只需经省、自治区、直辖市的地市一级公安部门批准。14周岁以下的，一般不予收容教养，如确有严重危害社会行为，需要收容教养的，则需经省、自治区、直辖市以及公安机关批准。收容教养的期限为1~3年，在未成年犯管教所执行，但应与未成年犯分开管理。

⑥刑罚。我国《刑法》除规定未成年人刑事责任年龄外还规定了未成年人量刑原则：量刑上应当从宽；对未成年人不适用死刑；罪行轻微的可不处刑罚，而视情况代之以予以训诫、责令具结悔过、责令赔礼道歉、责令赔偿损失、由主管部门给予行政处分、行政处罚。分押分管：对于判处无期徒刑、有期徒刑的未成年人，一般应于未成年犯管教所执行。对于判处拘役的未成年人可于拘役所、看守所执行，但应与成年犯分押分管或建立专门的未成年人看守所。缓刑、假释等制度对于少年犯放宽适用条件。

⑦劳动教养。我国的劳动教养制度产生于20世纪50年代中期。"文化大革命"以后，1979年12月全国人大常委会批准公布了《国务院关于劳动教养的补充规定》，1982年1月国务院转发了《劳动教养试行办法》，此外，全国人大常委会、国务院、公安部等国家机关又制定和发布了一些有关劳教工作的决定、指示、办法，促进了劳教制度的恢复和发展。劳动教养的对象是已满16周岁有严重违法行为又不够刑事处罚的人。期限为1~3年，必要时可延长1年。依据《未成年人保护法》，未成年人劳动教养必须于少年劳教所执行，但许多地方并没有建立少年劳教所，而将少年劳教人员与成年者混合进行劳教。另外由于劳动教养的性质不明确以及不当限制人身自由等问题，对于其存废尚存争议。

⑧社会帮教。社会帮教不具有行政或刑事处罚的意义，而是对违法青少年采取综合治理，进行社会化教育的一种措施。其优点在于减轻了正式处分措施所带来的对抗、情绪与标签效应等弊端。我国的社会帮教措施产生于20世纪70年代末，1979年党中央在提请全党重视解决青少年犯罪问

权益保护篇

题的文件中就提出了社会帮教的工作思路。此后 1983 年 4 月公安部等 7 个单位联合发布了《关于做好有违法或轻微犯罪行为青少年帮助教育工作的几点意见》，社会帮教工作有了统一的规范指导。

社会帮教的对象是经确认有一般违法行为或轻微犯罪行为，不够刑事处罚，也不够劳动教养的 13～18 岁未成年人以及判处非监禁刑、适用缓刑、假释的未成年犯。社会帮教的内容和方式主要是由家庭、学校、社区基层组织、单位等对未成年人进行法律、道德方面的帮助、教育、指导。

我国有关青少年权益保护的政策

青少年是社会发展的重要人力资源，在社会发展变革中，青少年起着非常重要的作用。但是，青少年也是需要特殊福利服务和关心照顾的群体。青少年的权益和需要越来越引起各国的重视，联合国先后颁布多项国际性青少年政策，各国政府也相继制定了各种青少年政策，为青少年提供广泛的权益保护，确保青少年健康成长。我国在国际行动的推动下也开始制定专门的青少年权益保护政策，并实际加以执行。

一、我国青少年教育政策

在联合国颁布的《到 2000 年及其后世界青年行动纲领》里，教育问题被列为"十大优先领域"之首。青少年教育政策，是党和国家根据社会发展和青少年受教育的需要而制定的有关青少年教育的目标、途径和方法的总体规定，它体现在党和国家的教育指示、决议、教育法律和法规之中。我国的教育政策分为基础教育政策、高等教育政策、职业成人教育政策和民办教育政策。

1. 基础教育政策

在《教育大辞典》里基础教育的解释是：亦称"国民基础教育"，是对国民实施基本文化知识的教育，也是提高公民的基本素质的教育，或者指为继续升学或就业培训打好基础的教育。基础教育是民族素质的奠基工程，它包括幼儿教育、九年义务教育、普通高中教育 3 个部分。

（1）幼儿教育政策

幼儿教育是指对 3 周岁以上学龄前幼儿进行的保育和教育。我国幼儿教育事业的发展方针是动员全社会的力量，多种形式、多渠道地发展。在当

地政府举办幼儿园的同时，鼓励单位、社会团体及个人根据有关规定举办幼儿园。在这一方针指导下，幼儿教育事业得到了健康稳步的发展。同时，幼教事业的发展已由城市逐步转向农村，一些地区已基本普及了学前一年教育。我国目前有关幼儿教育的具体政策主要包括《幼儿园管理条例》、《幼儿园工作规程》、《幼儿园教育指导纲要（试行)》、《关于改进和加强学前班管理的意见》和《学前班工作评估指导要点（试行)》等法律、法规、规章。

（2）义务教育政策

义务教育是基础教育的重中之重。《到2000年及其后世界青年行动纲领》第25条提出："应优先考虑实现确保普及基础教育（包括识字）的目标"。1985年《关于教育体制改革的决定》中提出，要"把实施九年义务教育当做关系民族素质提高和国家兴旺发达的一件大事"，随后1986年颁布了《中华人民共和国义务教育法》。

在权利保障方面，我国分别从经费问题、人身安全与尊严、校外活动等方面进行了规定。国家保证义务教育的经费，比如"国家对接受义务教育的学生免收学费。国家设立助学金，帮助贫困学生就学"；"实施义务教育所需事业费和基本建设投资，由国务院和地方各级人民政府负责筹措，予以保证。国家用于义务教育的财政拨款的增长比例，应当高于财政经常性收入的增长比例，并按在校学生人数平均的教育费用逐步增长"。国家保障受义务教育学生的人身安全和人格尊严，如"学校和教师不得对学生实施体罚、变相体罚或者其他侮辱人格尊严的行为；对品行有缺陷、学习有困难的儿童、少年应当给予帮助，不得歧视"。国家保证青少年的校外活动，出台了《2000—2005年全国青少年学生校外活动场所建设与发展规划》、《关于加强青少年学生活动场所建设和管理工作的通知》和《关于合理安排中小学生课余生活加强中小学生安全保护工作的通知》等政策。同样，残疾青少年儿童的接受义务教育的权利也受到相应的保障。

（3）普通高中教育政策

普通高中在我国社会主义教育体系中处于十分重要的位置，是联系义务教育和高等教育的纽带。普通高中教育能够适应普及九年义务教育后，人民群众对高中阶段教育日益增长的需求，对于缓解初中升学压力，创造全面推进素质教育的良好环境，提高民族素质，落实科教兴国战略具有十

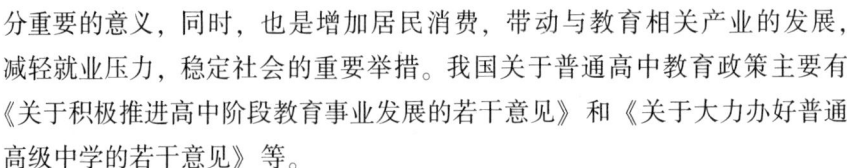

分重要的意义，同时，也是增加居民消费，带动与教育相关产业的发展，减轻就业压力，稳定社会的重要举措。我国关于普通高中教育政策主要有《关于积极推进高中阶段教育事业发展的若干意见》和《关于大力办好普通高级中学的若干意见》等。

在权利保障方面，就经费问题国家规定："高中阶段教育属于非义务教育。要在充分考虑当地群众承受能力的基础上，经物价部门批准，区别不同地区和不同类型学校，适当调整学费标准，提高高中阶段学费在培养成本中的比例"，"任何单位不得违反国家规定向学校乱收费、乱摊派"；在学习生活上，国家规定："要转变教育思想，更新观念，克服应试教育倾向，继续深化教学领域的改革，鼓励教学方法改革的实验和探索，提高课堂教学质量，切实解决课业负担过重、忽视学生个性、影响青少年健康成长等弊端，让学生真正成为学习的主体，活泼地、主动地学习，发展兴趣、爱好和特长，培养较强的自学能力和动手能力、初步的研究能力和创造能力。要重视体育、美育和劳动教育，开展生动活泼、丰富多彩的文体活动，组织学生参加生产劳动和社会实践"。

2. 高等教育政策

高等教育，是指在完成高级中等教育基础上实施的教育。相关教育政策主要见于1998年8月29日通过的《中华人民共和国高等教育法》和1999年《教育部关于实施＜中华人民共和国高等教育法＞若干问题的意见》。

《中华人民共和国高等教育法》规定：高等教育"必须贯彻国家的教育方针，为社会主义现代化建设服务，与生产劳动相结合，使受教育者成为德、智、体等方面全面发展的社会主义事业的建设者和接班人"。其任务是"培养具有创新精神和实践能力的高级专门人才，发展科学技术文化，促进社会主义现代化建设"。同时还规定了高等教育的数项原则，包括积极发展高等教育原则、提高质量效益原则、帮助少数民族原则、平等原则、学术文化自由原则、民主原则和交流协作等原则。还制定了相应的高校管理体制、学制分类和修业年限以及学业证书和学位制度等基本制度。

3. 职业成人教育政策

职业教育和成人教育都是现代教育的重要组成部分，都能够为对于接受完初等教育的青少年提供进一步教育的机会。相关的政策法规主要有《中华人民共和国职业教育法》、《高等教育自学考试暂行条例》等。

在总的发展目标上，《中国教育改革和发展纲要》提出：职业技术教育是现代教育的重要组成部分，是工业化和生产社会化、现代化的重要支柱。各级政府要高度重视，统筹规划，贯彻积极发展的方针，充分调动各部门、企事业单位和社会各界的积极性，形成全社会兴办多种形式、多层次职业技术教育的局面。到20世纪末，中心城市的行业和每个县都应当办好一两所示范性骨干学校或培训中心，同大量形式多样的短期培训相结合，形成职业技术教育的网络。《到2000年及其后世界青年行动纲领》也规定：各国政府和教育机构应与区域和国际组织合作，建立或加强适应目前和未来就业条件的职业和技术培训。必须对青年人提供获得职业和专业培训以及学徒制方案的机会，协助他们获得具有升迁机会的工作，并且获得适应劳动力需求变化的能力。

4. 民办教育政策

民办教育是国家机构以外的社会组织或者个人利用非国家财政性经费，面向社会举办学校及其他教育机构的活动。对于民办教育，现阶段最重要的就是已由中华人民共和国第九届全国人民代表大会常务委员会第三次会议于2002年12月28日通过，自2003年9月1日起施行的《中华人民共和国民办教育促进法》。

二、我国青少年就业政策

青少年完成了一定阶段的学业后，如果不能及时实现就业，就会带来种种矛盾和困难，形成社会问题。如何保护青少年的就业权利，解决青少年的实际困难，必然成为青少年保护的重点。但我国并没有独立的青年劳动就业政策，我国的青年劳动就业政策散见于国家劳动就业的各种政策之中。

（一）中国青少年劳动就业的相关政策

1. 中国所签订的国际公约

主要包括《就业政策公约》（国际劳工组织1964年第48届大会通过，1997年5月9日第8届全国人民代表大会常务委员会第25次会议决定批准）、国际劳工组织的《最低就业年龄公约》等。

2、中国的劳动法律

主要包括《劳动法》、《矿山安全法》、《职业教育法》等。

3. 由劳动部或劳动部会同有关部门制定颁布的劳动行政规章

主要包括《劳动就业服务企业管理规定》、《职业指导办法》、《职业介绍服务规程》、《劳动力市场规定》、《关于禁止使用童工的规定》、《未成年工特殊保护规定》、《劳动争议处理条例》、《职工工作时间的规定》等。此外，由劳动部或劳动部会同有关部门制定颁布的劳动行政规章有 90 多部。

4. 各地方制定的地方性劳动行政法规和规章

我国各地方制定的劳动行政法规和规章共有 120 多部。

(二) 中国青少年劳动就业政策的内容

1. 总的原则

中国青少年劳动就业政策的总的原则是要促进经济增长和发展，提高生活水平，满足对人力的需求，并解决失业和不充分就业的问题，促进充分、自由选择的生产性就业。

2. 对青少年劳动就业的特殊政策规定

我国的劳动就业政策中还对青少年劳动就业进行了特别的规定，主要内容包括：

(1) 准予就业的最低年龄规定

全国人民代表大会常务委员会批准《准予就业最低年龄公约》(1998 年 12 月 29 日通过)，同时声明：在中华人民共和国领土内及中华人民共和国注册的运输工具上就业或者工作的最低年龄为 16 周岁。

(2) 普通高校毕业生的就业政策

党和政府历来高度重视毕业生就业工作，制定了一系列重大决策，毕业生就业工作取得了重大进展。我国普通高校毕业生的就业政策主要见《普通高等学校毕业生就业工作暂行规定》(国家教育委员会 1997 年 3 月 24 日颁发)。该暂行规定是为了做好普通高等学校（含研究生培养单位）毕业生（含毕业研究生）就业工作，更好地为经济建设和社会发展服务，维护毕业生和用人单位的合法权益而颁布。该规定对普通高等学校毕业生就业工作中国家教委，国务院有关部委主管部门，省、自治区、直辖市主管部门，高等学校，用人单位的主要职责，以及毕业生就业工作程序作出了规定。《共青团中央、教育部、全国学联关于进一步做好促进高校毕业生就业工作的意见》(中青联发〔2003〕20 号，2003 年 3 月 26 日) 要求各级共青团组织、教育行政部门和学联组织要做到：①大力加强思想政治工作，引导毕业生树立正确的择业观、就业观和成才观。②切实做好大学生就业指导和就业信息服务。③全面推进大学生素质拓展计划，不断提高大学生就业创业本领。④积极扶持大学生通过自主创业实现就业。⑤努力开辟灵活、临时的就业渠道。

（3）孤儿的就业政策

孤儿是我国青少年群体中一个不容忽视的特殊群体。我国对孤儿的就业政策作出特别的规定。《民政部、公安部、人事部、劳动部关于妥善安排我国 SOS 儿童村孤儿就业的通知》（民福发〔1995〕4 号）规定：安排儿童村孤儿就业的原则是"从哪里来，回哪里去"，即从哪个省市选送的孤儿，到劳动年龄时由儿童村送回到哪个省市安排就业，并希望各省市有关部门采取积极态度，安排好他们的就业。儿童村孤儿原籍所在市、县民政部门要热情接收儿童村送回的孤儿；原籍所在市、县公安机关根据民政部门的接收证明，按照户口审批程序签发户口准迁证，为孤儿办理落户手续；当地人事、劳动部门要采取积极措施，妥善安排他们就业。

（4）残疾青年的就业政策

我国并没有对残疾青年的就业作出特殊的规定，但我国对残疾人的就业政策惠及残疾青年。我国《中华人民共和国宪法》、《中华人民共和国残疾人保障法》（以下简称《残疾人保障法》）、《中华人民共和国劳动法》等法律以及《关于进一步做好残疾人劳动就业工作的若干意见》（劳动保障部、国家计委、民政部、财政部、人事部、税务总局、工商局、中国残联1999 年 8 月 31 日发）、《民政部、劳动部、卫生部、中国残疾人联合会关于发布 < 社会福利企业招用残疾职工的暂行规定 > 的通知》（民福发〔1989〕37 号，1989 年 8 月 17 日）等对残疾青少年就业政策作出了规定。

3. 对未成年人的劳动保护政策

对未成年人的劳动保护政策是对未成年人保护政策的重要方面。我国对未成年人的保护政策主要有《禁止和立即行动消除最恶劣形式的童工劳动公约》（1999 年 6 月 17 日经第 87 届国际劳工大会通过，2000 年 11 月 19日生效，全国人民代表大会常务委员会 2002 年 6 月批准）、《中华人民共和国劳动法》、《未成年工特殊保护规定》、《禁止使用童工规定》（1991 年 1月 18 日国务院第七十六次常务会议通过，1991 年 4 月 15 日中华人民共和国国务院令第 81 号发布）、《使用童工罚款标准的规定》（1992 年 5 月 13 日劳动部、财政部发文，劳力字〔1992〕27 号）等。这些政策规定国家对女职工和未成年工实行特殊劳动保护。

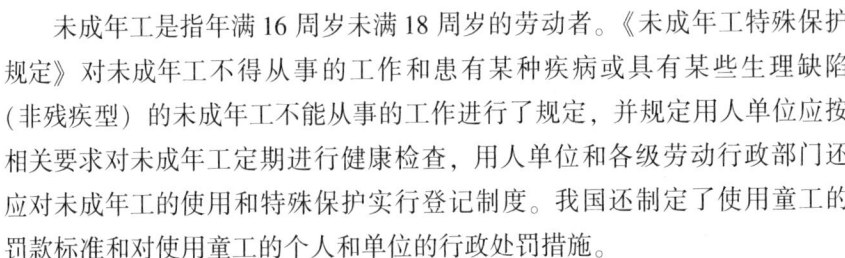

未成年工是指年满 16 周岁未满 18 周岁的劳动者。《未成年工特殊保护规定》对未成年工不得从事的工作和患有某种疾病或具有某些生理缺陷（非残疾型）的未成年工不能从事的工作进行了规定，并规定用人单位应按相关要求对未成年工定期进行健康检查，用人单位和各级劳动行政部门还应对未成年工的使用和特殊保护实行登记制度。我国还制定了使用童工的罚款标准和对使用童工的个人和单位的行政处罚措施。

4. 劳动合同相关政策

我国国家机关、事业组织、社会团体和企业的主要用工制度都是劳动合同制。作为普通劳动者的青少年一旦与我国国家机关、事业组织、社会团体或企业签订劳动合同，建立劳动合同关系，就受劳动合同相关政策的约束和保护。我国劳动合同的相关政策主要包括《中华人民共和国劳动法》、《集体合同规定》等法律法规。这些政策对劳动合同的定义、原则，劳动合同的订立、解除及无效合同都作了基本规定，并对集体合同的主体、内容、程序也作了规定。这些政策是在公平、公正的基础上保护劳动者和用工单位的利益。

三、我国青少年健康服务政策

（一）我国青少年健康服务的相关政策

青少年的身心健康水平不仅关系其个体自身的全面发展，而且影响着全民族的素质水平与精神文明的程度。青少年健康成长与发展，不仅受自然环境的制约，而且还受到社会环境的强大影响，特别是与社会政治、经济、文化、风俗习惯以及学校和家庭教育等密切相关。因此，根据青少年身心发展的特殊需要，我国制定了一系列的政策，对青少年的健康进行特殊的保护。我国青少年的健康服务政策主要包括：

1. 《中国儿童发展纲要》（2001—2010 年）、《全民健身计划纲要》。

2. 相关法律，如《未成年人保护法》、《婚姻法》、《义务教育法》、《中华人民共和国传染病防治法》等。

3. 有关行政规章，如《关于减轻小学生课业负担过重问题的若干规定》、《学校体育工作条例》、《学校卫生工作条例》、《保护学生视力工作实施办法》、《关于创造良好的社会教育环境保护中小学生健康成长的若干意见》、《关于整顿、清理书报刊和音像市场严厉打击犯罪活动的通知》等。

（二）中国青少年健康服务的政策内容

1. 主要目标

《中国儿童发展纲要》（2001—2010 年）（国务院 2001 年 5 月 22 日发布）规定中国儿童健康发展的总目标是"坚持'儿童优先'原则，保障儿童生存、发展、受保护和参与的权利，提高儿童整体素质，促进儿童身心健康发展。儿童健康的主要指标达到发展中国家的先进水平；儿童教育在基本普及九年义务教育的基础上，大中城市和经济发达地区有步骤地普及高中阶段教育；逐步完善保护儿童的法律法规体系，依法保障儿童权益；优化儿童成长环境，使困境儿童受到特殊保护"。

2. 青少年健康服务

（1）《全民健身计划纲要》

《全民健身计划纲要》（1995 年 6 月 20 日国务院发布）第 7 条规定："全民健身计划以全国人民为实施对象，以青少年和儿童为重点。"

青少年和儿童的健康成长关系到国家的富强和民族的昌盛，要发动全社会关心他们的体质和健康。各级各类学校要全面贯彻党的教育方针，努力做好学校体育工作。要对学生进行终身体育的教育，培养学生体育锻炼的意识、技能与习惯。继续搞好升学考试体育的试点，不断总结完善，逐步推开。盲校、聋校、弱智学校要重视开展学生的体育活动。要积极创造条件，切实解决学校体育师资、经费、场地设施等问题。

（2）青少年健康的家庭保护

《中华人民共和国未成年人保护法》对未成年人父母或者其他监护人的行为作了规定，以保护未成年人的身心健康。规定父母或者其他监护人应当依法履行对未成年人的监护职责和抚养义务，应当尊重未成年人接受教育的权利，应当以健康的思想、品行和适当的方法教育未成年人，不得允许或者迫使未成年人结婚，不得为未成年人订立婚约。父母或者其他监护人不履行监护职责或者侵害被监护的未成年人的合法权益的，应当依法承担责任。

（3）青少年健康的学校保护

《中华人民共和国未成年人保护法》第三章学校保护规定：学校应当全面贯彻国家的教育方针，对未成年学生进行德育、智育、体育、美育、劳动教育以及社会生活指导和青春期教育，并保障未成年人的身心健康。学校保护的具体措施包括：

①加强学校卫生工作

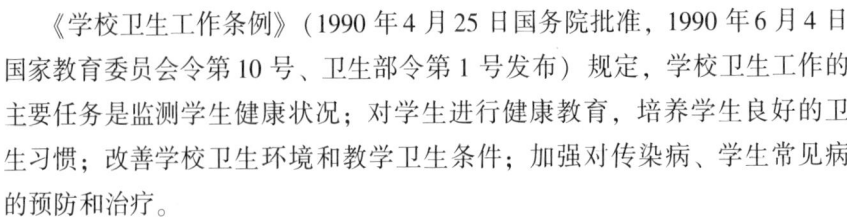

《学校卫生工作条例》（1990年4月25日国务院批准，1990年6月4日国家教育委员会令第10号、卫生部令第1号发布）规定，学校卫生工作的主要任务是监测学生健康状况；对学生进行健康教育，培养学生良好的卫生习惯；改善学校卫生环境和教学卫生条件；加强对传染病、学生常见病的预防和治疗。

②加强学校体育工作

《学校体育工作条例》（1990年2月20日国务院批准，1990年3月12日国家教育委员会令第8号、国家体育运动委员会第11号发布）规定，学校体育工作的基本任务是增进学生身心健康、增强学生体质；使学生掌握体育基本知识，培养学生体育运动能力和习惯；提高学生运动技术水平，为国家培养体育后备人才；对学生进行品德教育，增强组织纪律性，培养学生的勇敢、顽强、进取精神。学校体育工作应当坚持普及与提高相结合、体育锻炼与安全卫生相结合的原则，积极开展多种形式的强身健体活动，重视继承和发扬民族传统体育，注意吸取国外学校体育的有益经验，积极开展体育科学研究工作。

③对学生进行健康教育

《中小学生健康教育基本要求（试行）》（1992年9月1日卫生部、国家教委、全国爱卫会发布）规定，健康教育是以传授健康知识、建立卫生行为、改善环境为核心内容的教育。在中小学校中，以处于生长发育过程中的儿童青少年作为主要受教育者，开展适宜、适时的健康教育。健康教育要使儿童青少年掌握一定的卫生知识，认识个人卫生习惯、营养、体育锻炼、防病保健、环境卫生、心理卫生、安全措施等诸因素与个体健康的相互关系及影响作用。逐步自觉地形成对自己健康负责的卫生观念。培养儿童青少年良好的卫生习惯和健康的心理状态，使其正确了解自身生长发育的不同阶段，特别是青春期生理和心理的变化特点及影响因素，改变不良行为，建立健康行为，改善环境，促进身心健康发育。

④建立学生体质健康监测网络

《教育部关于印发＜全国学生体质健康监测网络工作实施方案＞的通知》（教体艺函〔2002〕1号（2002年3月21日）规定，建立全国学生体质健康监测网络，每两年开展一次学生体质健康监测工作。

⑤加强学生心理健康教育工作

我国先后颁布了《关于加强中小学心理健康教育的若干意见》（教育部1999年8月13日颁布并实施）、《教育部关于加强普通高等学校大学生心理健康教育工作的意见》（2001年3月16日教社政〔2001〕1号），规定中小学和高等学校对全体学生开展心理健康教育，使学生不断正确认识自我，增强调控自我、承受挫折、适应环境的能力；培养学生健全的人格和良好的个性心理品质。并对少数有心理困扰或心理障碍的学生，给予科学有效的心理咨询和辅导，使他们尽快摆脱障碍，调节自我，提高心理健康水平，增强发展自我的能力。

⑥加强学校治安

中央社会治安综合治理委员会、教育部、公安部《关于深化学校治安综合治理工作的意见》规定：学校治安综合治理工作的主要任务是在地方各级党委和政府的统一领导下，各有关部门充分发挥职能作用，密切配合、依靠学校广大师生员工，保持良好的教学、科研和生活秩序，维护学校稳定，为培养和造就社会主义事业的建设者和接班人创造良好的育人环境。具体措施包括加强领导，坚持"属地管理"原则，切实维护好学校及其周边地区治安秩序；学校要建立、健全并认真落实治安综合治理责任制；有关部门齐抓共管，进一步净化学校周边地区的治安环境；加强综合治理工作机制建设，建立定期检查制度。

（4）青少年健康的社会保护

我国对青少年健康的社会保护政策主要见《中华人民共和国未成年人保护法》、《关于创造良好社会教育环境保护中小学生健康成长的若干意见》（国家教委、广播影视部、文化部、新闻出版署、全国总工会、共青团中央、全国妇联、中国科协1991年10月8日发）、中共中央办公厅、国务院办公厅《关于加强青少年学生活动场所建设和管理工作的通知》（2000年7月3日）、《关于开展加强娱乐服务场所管理，严厉打击卖淫嫖娼赌博吸毒贩毒等社会丑恶现象专项行动的意见》（国务院办公厅、公安部、监察部、文化部、工商局2000年6月30日颁布并实施）、《关于规范网吧经营行为加强安全管理的通知》（公安部、信息产业部、文化部、国家工商行政管理局1998年12月25日颁布并实施）等。其主要措施包括：

①各级教育、文化、科研、新闻出版、体育、广播影视等部门、群众团体和学校，要在当地人民政府的领导下，为未成年人健康成长创造良好

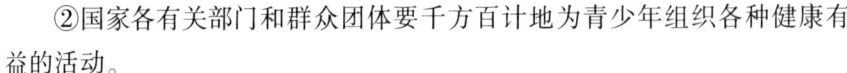

的社会环境。

②国家各有关部门和群众团体要千方百计地为青少年组织各种健康有益的活动。

③新闻出版、广播影视、文化、教育、科技等一切从事精神产品生产的部门，要努力为广大青少年提供更多更好的精神食粮。

④要继续认真整顿文化市场，严禁编写、制作、出版、发行、销售、播放、租借对青少年有害的书刊、图片和音像制品。

⑤文化和工商管理部门要加强对公共文化教育娱乐场所的管理，严禁进行对少年儿童有害的演出、展览和各种形式的赌博活动。我国专门颁布了对电子游戏经营场所的专项治理的政策、加强娱乐服务场所管理，严厉打击卖淫嫖娼赌博吸毒贩毒等社会丑恶现象的政策，以及规范网吧经营行为、加强安全管理的政策。

⑥加强青少年学生活动场所建设和管理工作。要从当地实际出发，依靠社会力量，把青少年活动设施的建设纳入城乡建设规划，努力使中等以上城市都建有一定规模和数量的少年宫（家、站）、少年儿童活动中心、少儿图书馆、少年科技中心（馆、站）、儿童公园和剧院等少年儿童校外教育活动基地。

⑦重视家庭教育工作。帮助家长提高家庭教育水平，纠正错误的教育方法。

⑧各地要充分发挥各条战线先进单位、先进人物、退（离）休的老干部、老专家、老教育工作者、老工人的作用。

⑨要运用法律手段，有效地保护中小学生健康成长。

⑩公安、司法部门要根据有关法规对滋扰学校，破坏学校正常秩序的违法犯罪分子，予以严厉打击。

（5）青少年健康的法律保护

我国对青少年法律保护的主要政策为：①完善有关儿童的立法，强化执法，有效保障儿童权益。②司法保护。③法律宣传与服务。通过宣传教育和为儿童提供法律服务，动员全社会重视和保护儿童权益。

四、我国青少年司法保护政策

（一）中国青少年司法保护的相关政策

少年司法保护制度的产生是各国基于人道主义立法思想，对未成年人犯罪的刑事责任年龄作了明文规定，对于处理少年犯罪案件也作出了一些特殊规定。此后逐渐发展成为一套完善的少年司法保护制度。联合国 1985 年通过的《联合国少年司法最低限度标准准则》（《北京准则》），以及 1991 年通过的《联合国预防少年犯罪准则》（《利雅得准则》）、《联合国保护被剥夺自由少年规则》（《东京规则》）3 个文件从少年犯罪的预防、处罚及监禁待遇三方面对少年司法进行了规定，形成了一套比较完整的少年司法制度。中国的少年司法保护制度，吸取了国外少年司法制度的先进理念，根据中国的国情，从少年犯的刑事审理开始发展起来。我国自 1991 年通过《未成年人保护法》之后，开始有了较为系统、专门的关于未成年人的法律、法规，并在立法和法律适用上逐渐加强对未成年人的司法保护。

1. 中国所签订的相关国际公约中的规定

《联合国预防少年犯罪准则》（《利雅得准则》）、《联合国少年司法最低限度标准准则》（《北京准则》）、《联合国保护被剥夺自由少年规则》等。

2. 中国相关法律的规定

《刑法》、《刑事诉讼法》、《未成年人保护法》、《预防未成年人犯罪法》中的相关规定。在建立和完善保护未成年人权益的法律制度时，我国非常重视借鉴其他国家在这一方面的成功经验和做法，并且努力把我国的法律、政策与贯彻有关保护未成人的国际公约紧密结合、统一起来。《联合国少年司法最低限度标准规则》、《联合国预防少年犯罪准则》、《儿童权利公约》、《联合国保护被剥夺自由少年规则》等国际公约所确立的基本原则、标准和规范，在我国法律中都通过相应的条款得到了充分的体现和切实有效的贯彻。

3. 中国公检法的有关司法解释、意见和通知

《关于办理少年刑事案件的若干规定（试行）》、《关于办理少年刑事案件建立配套工作体系的通知》、《关于审理少年刑事案件聘请特邀陪审员的联合通知》等。

4. 各省市相关的地方法律法规

包括全国地方人大、政府颁布的法律文件。如 1987 年的《上海市青少年保护条例》是我国的第一个青少年保护法规，它第一次把少年法庭写入法律之中。

（二）中国青少年司法保护政策的主要内容

1. 如何预防和减少未成年人犯罪

（1）预防的基本原则

在青少年社会化的过程中预防青少年犯罪。青少年通过从事合法、有益社会的活动，对社会采取理性态度和生活观，就可以形成非犯罪型的态度。要成功地预防少年犯罪，就需要整个社会进行努力，确保青少年的均衡发展，从其幼童期起尊重和促进其性格的发展。青少年应发挥积极作用，参与社会活动，而不应被看作仅仅是社会化的或控制的对象。所有的预防政策都应该以青少年幼年开始的福利作为中心。应采取各种措施避免对未造成严重损害其发展或危害他人行为的青少年给予定罪和处罚。在防止少年违法犯罪方面，应发展以社区为基础的服务和方案，特别是在还没有设立任何机构的地方，正规的社会管制机构只应作为最后的手段来利用。

（2）具体的预防措施

具体而言，预防青少年犯罪的措施包括：

①事前预防

事前预防的主要手段是指在社会化的过程中预防青少年犯罪。预防政策的重点是促使所有儿童和青少年，尤其是要通过家庭、社区、同龄人、学校、职业培训和工作环境，以及通过各种自愿组织，成功地走向社会化和达到融合。应对儿童和青少年适当的个人发展给予应有的尊重，并应在其社会化和融合的过程中，把他们视为完全平等的伙伴。

②事后预防

事后预防包括对未成年人严重不良行为的矫治和对未成年人重新犯罪的预防两种。

对未成年人严重不良行为的矫治：根据我国《预防未成年人犯罪法》规定，"严重不良行为"是指严重危害社会，尚不够刑事处罚的违法行为。对具有本法律所规定的严重不良行为的未成年人，其父母或者其他监护人和学校应当相互配合，采取措施严加管教，也可以送工读学校进行矫治和接受教育。

对未成年人重新犯罪的预防：对犯罪的未成年人追究刑事责任，实行"教育、感化、挽救"方针，坚持"教育为主、惩罚为辅"的原则。

③未成年人对犯罪的自我防范

未成年人应当遵守法律、法规及社会公共道德规范，树立自尊、自律、自强意识，增强辨别是非和自我保护的能力，自觉抵制各种不良行为及违法犯罪行为的引诱和侵害。

2. 少年犯罪后如何进行处置

我国关于少年犯罪后如何处置的规定主要见于《联合国少年司法最低限度标准准则》以及我国相关法律，主要是《刑法》、《刑事诉讼法》、《监狱法》等。还有国内相关部门人民法院、人民检察院、司法部、公安部所制定的相关规定。

这些规定主要包括《最高人民法院关于办理未成年人刑事案件适用法律的若干问题的解释》（1995 年 5 月 2 日颁布实施）、《最高人民法院关于审理未成年人刑事案件的若干规定》（于 2000 年 11 月 15 日由最高人民法院审判委员会第 1139 次会议通过，自 2001 年 4 月 12 日起施行）、《人民检察院办理未成年人刑事案件的规定》（2002 年 3 月 25 日最高人民检察院第 9 届检察委员会第 105 次会议通过）、《最高人民法院最高人民检察院公安部司法部关于办理少年刑事案件建立互相配套工作体系的通知》（1991 年 6 月 1 日颁布并生效）、《公安机关办理未成年人违法犯罪案件的规定》（公安部 1995 年 10 月 23 日颁布并生效）等相关政策法规。

（1）基本原则

①保护少年与保护社会相统一的原则；②教育为主、惩罚为辅的原则；③预防为主、减少司法干预的原则；④共同参与、综合治理的原则。

（2）少年刑罚的适用

我国少年刑罚适用的基本原则有 2 条。①相称原则：在对少年决定采取刑法措施时，应当综合考虑少年犯罪的罪行因素、少年犯罪人的具体因素、社会救济需要，以在刑法规定、少年需要、社会需要三者之间达到最佳的平衡。②从宽处罚原则：少年犯罪应当相对成人犯同样罪从宽处罚，主要包括从轻、减轻与免除刑事处罚 3 个方面。

（3）少年司法程序

在我国，对于大部分少年案件采用的是非司法性处理方法或者是由公安机关、教育行政部门处理，只有很少的一部分案件才会正式进入少年刑事司法程序，而且在少年刑事司法程序的前期阶段（侦查、起诉阶段）还会消化掉一部分，因此真正进入到少年法庭审理的少年案件很少。这就避免了对少年的过度司法干预，有利于对有犯罪或不良行为的少年的挽救和保护。我国的少年司法程序方面也有许多有别于成人司法制度的特色性做法。如在少年检察方面的分案起诉、暂缓起诉，在少年审判工作方面的也有专门的少年法庭，并制定管辖、暂缓判决、监管令、社会服务令、圆桌审判模式等。

3. 对被实行监禁处置的犯罪少年的权利的保护

对于被实行监禁处置的犯罪少年权利的保护的有关政策主要见于《联合国保护被剥夺自由少年规则》、《中华人民共和国监狱法》、《公安机关办理未成年人违法犯罪案件的规定》（公安部 1999 年 10 月 23 号发布并生效）、《未成年犯管教所管理规定》（中华人民共和国司法部令第 56 号，1999 年 12 月 18 日发布并生效）等。

我国对于被实施监禁处置的犯罪少年的权利保护的基本原则包括：

①少年司法系统应维护少年的权利和安全，增进少年的身心福祉。监禁办法只应作为最后手段加以采用。剥夺少年的自由应作为最后的一种处置手段，时间应尽可能短，并只限于特殊情况，同时不排除早日释放的可能性。

②对被剥夺自由的少年，应进行教育改造，让他们为重返社会做好准备。我国《未成年犯管教所管理规定》规定：未成年犯管教所贯彻"惩罚和改造相结合，以改造人为宗旨"和"教育、感化、挽救"的方针，将未成年犯改造成为具有一定文化知识和劳动技能的守法公民。

③对未成年犯的改造，应当根据其生理、心理、行为特点，以教育为主，坚持因人施教、以理服人、形式多样的教育改造方式；实行依法、科学、文明、直接管理。未成年犯的劳动，应当以学习、掌握技能为主。未成年犯管教所应当依法保障未成年犯的合法权益，尊重未成年犯的人格，创造有益于未成年犯身心健康、积极向上的改造环境。在日常管理中，可以对未成年犯使用"学员"称谓。

《未成年工特殊保护规定》

（1994 年 12 月 9 日劳动部以劳部发〔1994〕498 号印发）

第一条　为维护未成年工的合法权益，保护其在生产劳动中的健康，根据《中华人民共和国劳动法》的有关规定，制定本规定。

第二条　未成年工是指年满 16 周岁，未满 18 周岁的劳动者。

未成年工的特殊保护是针对未成年工处于生长发育期的特点，以及接受义务教育的需要，采取的特殊劳动保护措施。

第三条　用人单位不得安排未成年工从事以下范围的劳动：

（一）《生产性粉尘作业危害程度分级》国家标准中第一级以上的接尘作业；

（二）《有毒作业分级》国家标准中第二级以上的有毒作业；

（三）《高处作业分级》国家标准中第二级以上的高处作业；

（四）《冷水作业分级》国家标准中第二级以上的冷水作业；

（五）《高温作业分级》国家标准中第三级以上的高温作业；

（六）《低温作业分级》国家标准中第三级以上的低温作业；

（七）《体力劳动强度分级》国家标准中第四级体力劳动强度的作业；

（八）矿山井下及矿山地面采石作业；

（九）森林业中的伐木、流放及守林作业；

（十）工作场所接触放射性物质的作业；

（十一）有易燃易爆、化学性烧伤和热烧伤等危险性大的作业；

（十二）地质勘探和资源勘探的野外作业；

（十三）潜水、涵洞、涵道作业和海拔 3000 米以上的高原作业（不包括世居高原者）；

（十四）连续负重每小时在 6 次以上并每次超过 20 千克，间断负重每次超过 25 丁克的作业；

（十五）使用凿岩机、捣固机、气镐、气铲、铆钉机、电锤的作业；

（十六）工作中需要长时间保持低头、弯腰、上举、下蹲等强迫体位和动作频率每分钟大于 50 次的流水线作业；

（十七）锅炉司炉。

第四条　未成年工患有某种疾病或具有某些生理缺陷（非残疾型）时，用人单位不得安排其从事以下范围的劳动：

（一）《高处作业分级》国家标准中第一级以上的高处作业；

（二）《低温作业分级》国家标准中第二级以上的低温作业；

（三）《高温作业分级》国家标准中第二级以上的高温作业；

（四）《体力劳动强度分级》国家标准中第三级以上体力劳动强度的作业；

（五）接触铅、苯、汞、甲醛、二硫化碳等易引起过敏反应的作业。

第五条　患有某种疾病或具有某些生理缺陷（非残疾型）的未成年工，是指有以下一种或一种以上情况者：

（一）心血管系统

1. 先天性心脏病；2. 克山病；3. 收缩期或舒张期二级以上心脏杂音。

（二）呼吸系统

1. 中度以上气管炎或支气管哮喘；2. 呼吸音明显减弱；3. 各类结核病；

4. 体弱儿，呼吸道反复感染者。

（三）消化系统

1. 各类肝炎；2. 肝、脾肿大；3. 胃、十二指肠溃疡；4. 各种消化道疝。

（四）泌尿系统

1. 急、慢性肾炎；2. 泌尿系感染。

（五）内分泌系统

1. 甲状腺机能亢进；2. 中度以上糖尿病。

（六）精神神经系统

1. 智力明显低下；2. 精神忧郁或狂暴。

（七）肌肉、骨骼运动系统

1. 身高和体重低于同龄人标准；2. 一个及一个以上肢体存在明显功能障碍；3. 躯干 1/4 以上部位活动受限，包括强直或不能旋转。

（八）其他

1. 结核性胸膜炎；2. 各类重度关节炎；3. 血吸虫病；4. 严重贫血，其血色素每升低于 95 克（<9.5g/dL）。

第六条　用人单位应按下列要求对未成年工定期进行健康检查：

（一）安排工作岗位之前；

（二）工作满 1 年；

（三）年满 18 周岁，距前一次的体检时间已超过半年。

第七条　未成年工的健康检查，应按本规定所附《未成年工健康检查表》列出的项目进行。

第八条　用人单位应根据未成年工的健康检查结果安排其从事适合的劳动，对不能胜任原劳动岗位的，应根据医务部门的证明，予以减轻劳动量或安排其他劳动。

第九条　对未成年工的使用和特殊保护实行登记制度。

（一）用人单位招收使用未成年工，除符合一般用工要求外，还须向所在地的县级以上劳动行政部门办理登记。劳动行政部门根据《未成年工健康检查表》、《未成年工登记表》，核发《未成年工登记证》。

（二）各级劳动行政部门须按本规定第三、四、五、七条的有关规定，审核体检情况和拟安排的劳动范围。

（三）未成年工须持《未成年工登记证》上岗。

（四）《未成年工登记证》由国务院劳动行政部门统一印制。

第十条　未成年工上岗前用人单位应对其进行有关的职业安全卫生教育、培训；未成年工体检和登记，由用人单位统一办理和承担费用。

第十一条　县级以上劳动行政部门对用人单位执行本规定的情况进行监督检查，对违犯本规定的行为依照有关法规进行处罚。

各级工会组织对本规定的执行情况进行监督。

第十二条　省、自治区、直辖市劳动行政部门可以根据本规定制定实施办法。

第十三条　本规定自 1995 年 1 月 1 日起施行。

《中国人民保险公司关于印发＜学生幼儿住院医疗保险条款＞的通知》

（1994 年 2 月 28 日）

各省、自治区、直辖市分公司，计划单列市分公司，沈阳市人寿分公司，四川、长沙、大连、厦门寿险公司：

为了更好地发展医疗保险业务，加强对该项业务的管理，使我公司的条款逐步标准化、规范化，总公司在总结部分省市分公司试办经验的基础上，制定了《中国人民保险公司学生、幼儿住院医疗保险条款》（以下简称《条款》）。该条款已经中国人民银行核准（银复〔1994〕21 号）。现将中国人民银行《关于学生幼儿住院医疗保险条款的批复》（注：本文未转载）及《条款》印发给你们，并通知如下：

一、学生、幼儿住院医疗保险业务原则上在地级以上城市开办，沿海和经济较发达的县级地区是否开办该项保险，由各省、自治区和直辖市分公司视当地情况决定。

二、除目前已由当地政府牵头开办的社会保障型学生、幼儿住院医疗保险之外，今后各地开办该项业务，均要执行本《条款》；现已由分公司自行设计条款并已开办该项保险业务的地区，在一个保险年度结束后，要改用本《条款》。

三、请各分公司将执行《条款》情况及时报告总公司人寿保险部。

附：《中国人民保险公司学生、幼儿住院医疗保险条款》

第一章 总 则

第一条 为了保障青少年儿童的健康成长，减轻其住院医疗给家庭和社会造成的经济负担及不安定因素，特举办本保险。

第二条 本保险为学生及幼儿园儿童平安保险的附加保险。只有在投保学生平安保险或幼儿园儿童平安保险的基础上才能附加投保本保险。

第二章 保险对象

第三条 凡在校的学生和在园的幼儿，身体健康者，均可作为本保险的被保险人。

第四条 在投保前已患有白血病、恶性肿瘤、血友病、再生障碍性贫血、尿毒症（慢性肾功能衰竭）者，本公司不予承保。

第三章 保险期限

第五条 保险期限为一年。自投保人一次交清保险费，并签署保险单的次日 0 时起至一年期满日的 24 时止。期满续保，另办手续。

第四章 保险费

第六条 在校学生，每人每年交保险费 20 元，幼儿园儿童每人每年交保险费 30 元。如父母方能报销一部分医疗费用，则按本公司承担剩余部分的比例，交纳相应的保险费。

第五章　保险金额和保险责任

第七条　本附加险的保险金额为每名被保险人 6 万元。

第八条　在本附加保险有效期内，被保险人因疾病或意外伤害事故而在住院治疗期间支出的必要而且合理的、按照公费医疗管理部门规定的直接用于治疗的住院床位费、手术费、药费、治疗费、化验费、放射费、检查费，以及白血病、血友病、再生障碍性贫血、恶性肿瘤出院后的专科治疗费用、接受肾移植手术前的透析费用和手术后的抗排异药物费用，本公司根据投保时的交费标准，对被保险人上述的全部医疗费用或被保险人父母方报销医疗费后剩余的医疗费用，按下表规定分级累进，比例给付：

分级累进比例给付表

1000 元（含 1000 元）以下部分	55%
1000～4000 元（含 4000 元）部分	60%
4000～7000 元（含 7000 元）部分	70%
7000～10000 元（含 10000 元）部分	80%
10000～30000 元（含 30000 元）部分	90%
30000 元以上部分	95%

第九条　住院床位费按医院普通病床的标准给付，确需住特殊病房者，须事先征得本公司的同意。

第十条　保险在保险期限内累计给付金额以保险金额为限。

第十一条　本保险的被保险人须在本公司指定的或经本公司同意的乡级以上（含乡级）公立医院住院治疗，第八条所列需要专科门诊治疗的病人，必须在本公司指定的医院治疗。

第十二条　转院就医者，须有转出医院主治医师以上级别的医务人员签署的诊断证书及医院的转院证明。

第六章　除外责任

第十三条　由于下列情形支出的各种医疗费用，本公司不予给付：

一、战争、军事行动、核辐射和核污染；

二、打架、斗殴、寻衅滋事以及违法、犯罪行为；

三、被保险人及其监护人的故意行为；

四、投保时对本条款第四条规定隐瞒者；

五、因第三者造成被保险人伤害而引起的治疗费用中依法应由第三者承担的部分。

第十四条 本公司对下列费用也不予给付：

一、被保险人在非本公司指定或同意的医院的住院费用和专科门诊费用（包括康复医院、联合诊所、民办医院、家庭病床、挂床治疗等）；

二、公费医疗管理部门规定的自费项目和药品；

三、被保险人因矫形手术或美容所支出的各种费用；

四、被保险人先天性疾病或投保前已有残疾的康复和治疗费用；

五、被保险人住院期间支出的挂号费、膳食费、护理费、陪住院费、取暖费等。

第七章 投保手续

第十五条 本保险采取团体投保方式，由学校或幼儿园统一办理投保手续。

第十六条 投保时，投保单位应填写投保单一份和全体被保险人名单一式三份，经保险公司核定，承保后签发保险单。

第八章 给付手续

第十七条 被保险人自办理出院之日起 60 天内，通过投保单位（学校或幼儿园）向本公司申请办理给付手续。逾期不提出申请者，即视为自动放弃保险权益。

第十八条 申请给付时，须提供下列单证：

一、给付申请书；

二、投保单位证明及保险单复印件；

三、医院的出院证明、医疗（药）费收据、住院记账单；

四、转院治疗者须提供转院证明；

五、本公司认为有必要的其他单证。

本公司对被保险人或其监护人的给付申请，经核实无误后，按规定给付。

第九章 附 则

第十九条 本保险中途不办理退保手续，并不退还保险费。

第二十条　凡采取隐瞒、欺诈等手段骗取医疗保险金者，保险公司有权拒付。如已发生给付，本公司有权追回，并有权向被保险人或其监护人追偿因调查核实所支出的费用。

第二十一条　投保人、被保险人与本公司之间发生争议，协商无效时，双方均可向保单签发地的人民法院提起诉讼。

附:《中国人民保险公司关于学生、幼儿住院医疗保险条款的说明》

一、关于该险种的性质

该险种是学生和幼儿园儿童平安保险的附加险，需与主险同时投保，同时生效，保险期满自动失效。若主险给付金满额，被保险人健在时，该附加险继续有效。

在未开展幼儿平安保险的地区，可参照学生平安保险制定幼儿平安保险条款，然后附加该险。

二、关于保险对象

1. 在校学生指所有中小学校（含职业学校、聋哑、弱智等特殊学校）及在国家教委备案的大学和专科学校的注册学生（不包括接受成人教育的学员）。

2. 身体健康指能坚持在校学习者。对投保时已休学或已患白血病、恶性肿瘤、血友病、再生障碍性贫血和尿毒症（慢性肾功能衰竭）者，本公司不予承保，但次年续保不受上述疾病限制。

三、关于保险期限

保险期限一年。保险期满之前不续交保险费者，保险责任在到达保险期满日之时自行终止。保险期内给付金额达到最高保额时，保险责任即行终止。

四、关于保险费

按本条款第六条的规定，如果父母方能报销 60% 的医疗费用，则在校学生每人每年交保险费：$20 \times (1 - 60\%) = 8$ 元，幼儿园儿童每人每年交保险费：$30 \times (1 - 60\%) = 12$ 元。

五、关于保险金额和保险责任

1. 必要且合理的费用指一般医务界公认的标准检查治疗费用。不包括超前的高精尖检查项目，也不包括正在实验和研究的医疗手段、检测方法、用药和治疗等。

2. 分级累进、比例给付方法举例如下：

例 1　患者住院医疗费用合计为 18000 元，其中床位费为 200 元，患者父母单位报销金额：（18000 – 200）×50% = 8900（元），保险公司的保险责任为 18000 – 8900 + 200 = 9300（元）按分级累进、比例给付方法计算：

第 1 级：$1000 \times 55\% = 550$（元）

第 2 级：$(4000 - 1000) \times 60\% = 1800$（元）

第 3 级：$(7000 - 4000) \times 70\% = 2100$（元）

第 4 级：$(9300 - 7000) \times 80\% = 1840$（元）

保险公司应给付 550 + 1800 + 2100 + 1840 = 6290（元），患者实际支付额为：18000 – 8900 – 6290 = 2810（元）。

例 2　患者住院医疗费用共计 18000 元，申请全额给付，保险公司按分级累进、比例给付方法计算：

第 1 级：$1000 \times 50\% = 500$（元）

第 2 级：$(4000 - 1000) \times 55\% = 1650$（元）

第 3 级：$(7000 - 4000) \times 65\% = 1950$（元）

第 4 级：$(10000 - 7000) \times 75\% = 2250$（元）

第 5 级：$(18000 - 10000) \times 85\% = 6800$（元）

保险公司应给付被保险人 500 + 1650 + 1950 + 2250 + 6800 = 13150（元），患者实际支付 18000 – 13150 = 4850（元）。

3. 被保险人同时投保平安保险附加意外伤害医疗保险时，如因意外伤害致住院医疗，先满足平安保险附加意外伤害医疗保险的保额，剩余部分按学生、幼儿住院医疗保险的保额、分级累进、比例给付。

4. 住院（床位）费：根据卫生和物价部门制定的标准，按不同等级医院的普通病床的收费标准给付。超标准部分由本人自负。如因抢救住抢救病床或监护病房，因骨髓移植住层流间，需在住入 3 日内报保险公司备案，否则，按该院普通病床的标准给付。

5. 定点医院：各级保险公司应本着加强管理和方便群众的原则，在各

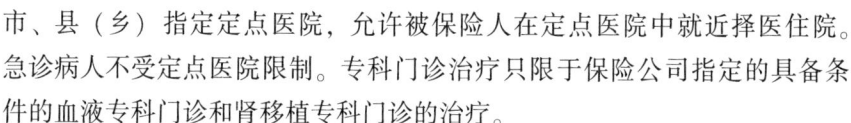

市、县（乡）指定定点医院，允许被保险人在定点医院中就近择医住院。急诊病人不受定点医院限制。专科门诊治疗只限于保险公司指定的具备条件的血液专科门诊和肾移植专科门诊的治疗。

6. 转院治疗：仅限于受定点医院条件限制的疑难重症患者。转院治疗需提供定点医院出具的转院证明，无该转院证明者，转院后费用自理。

六、关于除外责任

为保证条款的顺利实施，杜绝不良行为而制定。

七、关于投保手续

本保险以团体形式投保，以学校或幼儿园为投保单位，每一投保单位应保证80%以上的投保率。

八、关于给付手续

1. 被保险人申请领取保险金时，必须通过投保单位向保险公司提交给付保险金申请书，同时按照条款规定，提供保险单证、投保单位的证明以及医院的出院证明、收费收据等。

2. 凡经过审核同意给付的案件，一律须办理"给付保险金"批改手续，并在给付批单上作出详细给付批注。给付批单分别贴附在保险单正、副本上。

对有疑问的案件应及时向医院调查核实。

一般报案应在2周内办妥给付手续，对情况复杂须调查核实者，应在3个月内结案。

3. 保险公司应聘请专家组成医疗保险鉴定机构，对有疑问或给付金额超过5000元的案件进行鉴定。凡经鉴定属不应住院或不合理检查和治疗所花费用，保险公司可以拒绝给付。

九、关于附则

被保险人在市内转学转园，保险责任继续有效。被保险人转到外省市或被取消学籍以及中途辍学或死亡的，保险责任即告终止，不办理退保手续。

《劳动和社会保障部办公厅对＜关于童工问题的请示＞的复函》

（1998年8月13日）

内蒙古自治区劳动厅：

你厅《关于童工问题的请示》（内劳监字〔1998〕5号）收悉，经研究，现函复如下：

《中华人民共和国未成年人保护法》第28条规定："任何组织和个人不得招用未满16周岁的未成年人"；《禁止使用童工规定》（国务院令第81号）第8条规定："文艺、体育和特种工艺单位，确需招用未满16周岁的文艺工作者、运动员和艺徒时，须报经县级以上（含县级，下同）劳动行政部门批准"。根据上述规定，除文艺、体育和特种工艺3个特殊行业外，其他用人单位（如汽车修理部等）招用未满16周岁的学徒工，无论这些学徒工是否获得经济收入，均应视为违法行为；劳动行政部门应根据国家关于禁止使用童工的有关法律规定，责令其改正，并给予行政处罚。

《最高人民法院关于严厉打击侵害未成年人犯罪活动依法保障未成年人合法权益的通知》

（2000年4月21日法〔2000〕49号）

各省、自治区、直辖市高级人民法院，解放军军事法院，新疆维吾尔自治区高级人民法院生产建设兵团分院：

近期，杀害、绑架、拐卖、虐待等严重侵害未成年人合法权益的案件和未成年人犯罪案件均有上升趋势。为进一步落实江泽民总书记关于教育问题的重要讲话精神，认真执行《未成年人保护法》和《预防未成年人犯罪法的》规定，严厉打击侵犯未成年人人身权利和其他合法权利的犯罪活动，进一步做好涉及未成年人权益案件的审判工作，现就有关问题通知如下：

一、各级人民法院要进一步提高对做好涉及未成年人权益案件审判工作重要性的认识。关心和保护青少年的健康成长，关系到民族的未来，关系到党和国家的前途命运。依法保护青少年健康成长，是党和国家的一贯政策，是人民法院义不容辞的责任。加强涉及未成年人权益案件的审判工作，是切实保护未成年人合法权益，净化未成年人成长的社会环境，保证教育改革措施顺利实施的重要措施。各级人民法院应当以高度的责任心和使命感，做好涉及未成年人权益的审判工作。

二、依法严厉打击侵犯未成年人人身权利和其他合法权益的犯罪活动。特别是对于那些杀害、故意重伤、抢劫、拐卖、绑架、拐骗、虐待未成年人，奸淫幼女等在社会上造成恶劣影响的刑事案件，必须依法从重从快判处；对于罪行极其严重，应当判处死刑的犯罪分子，坚决依法判处死刑。对于向未成年人传授犯罪方法，传播淫秽物品，引诱、教唆、欺骗或者强迫未成年人吸食、注射毒品等腐蚀、引诱未成年人的犯罪，也必须依法严惩。各级人民法院应当结合今年上半年在全国开展的"打击拐卖妇女、儿童犯罪活动"的专项斗争，适时对侵害未成年人的犯罪案件进行集中宣判，以震慑犯罪分子，有效遏制这类犯罪的蔓延。

三、各级人民法院在民事、经济、行政等各项审判活动中，要注意依法维护未成年人的合法权益。对于涉及未成年子女的离婚案件，抚育案件，解除收养关系案件，指定、变更或者撤销监护人等案件，以及侵害未成年人人身、财产、智力成果权利等民事侵权案件，应当在充分考虑有利于未成年人生理、心理健康成长的前提下依法进行审判。对于行政诉讼案件中涉及未成年人权益或者未成年人及其法定代理人作为当事人一方向人民法院提起行政诉讼的案件，经审查确实符合立案条件的，应当依法受理，并及时作出裁判。审理劳动争议、劳动报酬等涉及未成年人权益等案件，应当注意维护未成年人的正当权益。

四、进一步总结少年法庭审判工作经验，完善中国少年司法制度。少年法庭审判未成年人刑事案件要贯彻"教育、感化、挽救"的方针，坚持"寓教于审"，切实维护未成年被告人的诉讼权利。在交通方便的大中城市，继续推行指定管辖的试点工作，也可以进行少年法庭审理未成年人刑事案件以及其他涉及未成年人权益案件的尝试，积极探索少年法庭审判工作的新机制，加大对未成年人权益的保护力度。

五、各级人民法院要继续加强同公安、检察、司法行政机关及社会各有

权
益
保
护
篇

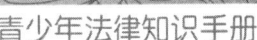

关方面的配合，开展保护未成年人权益、预防未成年人犯罪工作。对于未成年人权益保护及预防未成年人犯罪等方面存在的隐患和问题，要及时向有关部门提出司法建议。因地制宜，以各种方式开展保护未成年人权益、预防未成年人犯罪的法制宣传活动，扩大办案的社会效果，引起全社会对保护未成年人权益的高度关注，提高未成年人自我保护能力及抵制不良诱惑的能力。

自本通知发布后，各高级人民法院应当迅速做好相关工作部署。受理有重大影响的涉及未成年人权益案件，应当及时通报最高人民法院。

教育法律法规篇

《中华人民共和国教育法》

第一章 总 则

第一条 为了发展教育事业，提高全民族的素质，促进社会主义物质文明和精神文明建设，根据宪法，制定本法。

第二条 在中华人民共和国境内的各级各类教育，适用本法。

第三条 国家坚持以马克思列宁主义、毛泽东思想和建设有中国特色社会主义理论为指导，遵循宪法确定的基本原则，发展社会主义的教育事业。

第四条 教育是社会主义现代化建设的基础，国家保障教育事业优先发展。

全社会应当关心和支持教育事业的发展。

全社会应当尊重教师。

第五条 教育必须为社会主义现代化建设服务，必须与生产劳动相结合，培养德、智、体等方面全面发展的社会主义事业的建设者和接班人。

第六条 国家在受教育者中进行爱国主义、集体主义、社会主义的教育，进行理想、道德、纪律、法制、国防和民族团结的教育。

第七条 教育应当继承和弘扬中华民族优秀的历史文化传统，吸收人类文明发展的一切优秀成果。

第八条 教育活动必须符合国家和社会公共利益。

国家实行教育与宗教相分离。任何组织和个人不得利用宗教进行妨碍国家教育制度的活动。

第九条　中华人民共和国公民有受教育的权利和义务。

公民不分民族、种族、性别、职业、财产状况、宗教信仰等，依法享有平等的受教育机会。

第十条　国家根据各少数民族的特点和需要，帮助各少数民族地区发展教育事业。

国家扶持边远贫困地区发展教育事业。

国家扶持和发展残疾人教育事业。

第十一条　国家适应社会主义市场经济发展和社会进步的需要，推进教育改革，促进各级各类教育协调发展，建立和完善终身教育体系。

国家支持、鼓励和组织教育科学研究，推广教育科学研究成果，促进教育质量提高。

第十二条　汉语言文字为学校及其他教育机构的基本教学语言文字。少数民族学生为主的学校及其他教育机构，可以使用本民族或者当地民族通用的语言文字进行教学。

学校及其他教育机构进行教学，应当推广使用全国通用的普通话和规范字。

第十三条　国家对发展教育事业作出突出贡献的组织和个人，给予奖励。

第十四条　国务院和地方各级人民政府根据分级管理、分工负责的原则，领导和管理教育工作。

中等及中等以下教育在国务院领导下，由地方人民政府管理。

高等教育由国务院和省、自治区、直辖市人民政府管理。

第十五条　国务院教育行政部门主管全国教育工作，统筹规划、协调管理全国的教育事业。

县级以上地方各级人民政府教育行政部门主管本行政区域内的教育工作。

县级以上各级人民政府其他有关部门在各自的职责范围内，负责有关的教育工作。

第十六条　国务院和县级以上地方各级人民政府应当向本级人民代表大会或者其常务委员会报告教育工作和教育经费预算、决算情况，接受监督。

第二章　教育基本制度

第十七条　国家实行学前教育、初等教育、中等教育、高等教育的学校教育制度。

国家建立科学的学制系统。学制系统内的学校和其他教育机构的设置、教育形式、修业年限、招生对象、培养目标等，由国务院或者由国务院授权教育行政部门规定。

第十八条　国家实行九年制义务教育制度。

各级人民政府采取各种措施保障适龄儿童、少年就学。

适龄儿童、少年的父母或者其他监护人以及有关社会组织和个人有义务使适龄儿童、少年接受并完成规定年限的义务教育。

第十九条　国家实行职业教育制度和成人教育制度。

各级人民政府、有关行政部门以及企业事业组织应当采取措施，发展并保障公民接受职业学校教育或者各种形式的职业培训。

国家鼓励发展多种形式的成人教育，使公民接受适当形式的政治、经济、文化、科学、技术、业务教育和终身教育。

第二十条　国家实行国家教育考试制度。

国家教育考试由国务院教育行政部门确定种类，并由国家批准的实施教育考试的机构承办。

第二十一条　国家实行学业证书制度。

经国家批准设立或者认可的学校及其他教育机构按照国家有关规定，颁发学历证书或者其他学业证书。

第二十二条　国家实行学位制度。

学位授予单位依法对达到一定学术水平或者专业技术水平的人员授予相应的学位，颁发学位证书。

第二十三条　各级人民政府、基层群众性自治组织和企业事业组织应当采取各种措施，开展扫除文盲的教育工作。

按照国家规定具有接受扫除文盲教育能力的公民，应当接受扫除文盲的教育。

第二十四条　国家实行教育督导制度和学校及其他教育机构教育评估制度。

第三章　学校及其他教育机构

第二十五条　国家制定教育发展规划，并举办学校及其他教育机构。

国家鼓励企业事业组织、社会团体、其他社会组织及公民个人依法举办学校及其他教育机构。

任何组织和个人不得以营利为目的举办学校及其他教育机构。

第二十六条　设立学校及其他教育机构，必须具备下列基本条件：

（一）有组织机构和章程；

（二）有合格的教师；

（三）有符合规定标准的教学场所及设施、设备等；

（四）有必备的办学资金和稳定的经费来源。

第二十七条　学校及其他教育机构的设立、变更和终止，应当按照国家有关规定办理审核、批准、注册或者备案手续。

第二十八条　学校及其他教育机构行使下列权利：

（一）按照章程自主管理；

（二）组织实施教育教学活动；

（三）招收学生或者其他受教育者；

（四）对受教育者进行学籍管理，实施奖励或者处分；

（五）对受教育者颁发相应的学业证书；

（六）聘任教师及其他职工，实施奖励或者处分；

（七）管理、使用本单位的设施和经费；

（八）拒绝任何组织和个人对教育教学活动的非法干涉；

（九）法律、法规规定的其他权利。

国家保护学校及其他教育机构的合法权益不受侵犯。

第二十九条　学校及其他教育机构应当履行下列义务：

（一）遵守法律、法规；

（二）贯彻国家的教育方针，执行国家教育教学标准，保证教育教学质量；

（三）维护受教育者、教师及其他职工的合法权益；

（四）以适当方式为受教育者及其监护人了解受教育者的学业成绩及其他有关情况提供便利；

（五）遵照国家有关规定收取费用并公开收费项目；

（六）依法接受监督。

第三十条　学校及其他教育机构的举办者按照国家有关规定，确定其所举办的学校或者其他教育机构的管理体制。

学校及其他教育机构的校长或者主要行政负责人必须由具有中华人民共和国国籍、在中国境内定居、并具备国家规定任职条件的公民担任，其任免按照国家有关规定办理。学校的教学及其他行政管理，由校长负责。

学校及其他教育机构应当按照国家有关规定，通过以教师为主体的教职工代表大会等组织形式，保障教职工参与民主管理和监督。

第三十一条　学校及其他教育机构具备法人条件的，自批准设立或者登记注册之日起取得法人资格。

学校及其他教育机构在民事活动中依法享有民事权利，承担民事责任。

学校及其他教育机构中的国有资产属于国家所有。

学校及其他教育机构兴办的校办产业独立承担民事责任。

第四章　教师和其他教育工作者

第三十二条　教师享有法律规定的权利，履行法律规定的义务，忠诚于人民的教育事业。

第三十三条　国家保护教师的合法权益，改善教师的工作条件和生活条件，提高教师的社会地位。

教师的工资报酬、福利待遇，依照法律、法规的规定办理。

第三十四条　国家实行教师资格、职务、聘任制度，通过考核、奖励、培养和培训，提高教师素质，加强教师队伍建设。

第三十五条　学校及其他教育机构中的管理人员，实行教育职员制度。

学校及其他教育机构中的教学辅助人员和其他专业技术人员，实行专业技术职务聘任制度。

第五章　受教育者

第三十六条　受教育者在入学、升学、就业等方面依法享有平等权利。

学校和有关行政部门应当按照国家有关规定，保障女子在入学、升学、就业、授予学位、派出留学等方面享有同男子平等的权利。

第三十七条　国家、社会对符合入学条件、家庭经济困难的儿童、少年、青年，提供各种形式的资助。

第三十八条　国家、社会、学校及其他教育机构应当根据残疾人身心特性和需要实施教育，并为其提供帮助和便利。

第三十九条　国家、社会、家庭、学校及其他教育机构应当为有违法犯罪行为的未成年人接受教育创造条件。

第四十条　从业人员有依法接受职业培训和继续教育的权利和义务。

国家机关、企业事业组织和其他社会组织，应当为本单位职工的学习和培训提供条件和便利。

第四十一条　国家鼓励学校及其他教育机构、社会组织采取措施，为公民接受终身教育创造条件。

第四十二条　受教育者享有下列权利：

（一）参加教育教学计划安排的各种活动，使用教育教学设施、设备、图书资料；

（二）按照国家有关规定获得奖学金、贷学金、助学金；

（三）在学业成绩和品行上获得公正评价，完成规定的学业后获得相应的学业证书、学位证书；

（四）对学校给予的处分不服向有关部门提出申诉，对学校、教师侵犯其人身权、财产权等合法权益，提出申诉或者依法提起诉讼；

（五）法律、法规规定的其他权利。

第四十三条　受教育者应当履行下列义务：

（一）遵守法律、法规；

（二）遵守学生行为规范，尊敬师长，养成良好的思想品德和行为习惯；

（三）努力学习，完成规定的学习任务；

（四）遵守所在学校或者其他教育机构的管理制度。

第四十四条　教育、体育、卫生行政部门和学校及其他教育机构应当完善体育、卫生保健设施，保护学生的身心健康。

第六章　教育与社会

第四十五条　国家机关、军队、企业事业组织、社会团体及其他社会组织和个人，应当依法为儿童、少年、青年学生的身心健康成长创造良好的社会环境。

第四十六条　国家鼓励企业事业组织、社会团体及其他社会组织同高等学校、中等职业学校在教学、科研、技术开发和推广等方面进行多种形式的合作。

企业事业组织、社会团体及其他社会组织和个人，可以通过适当形式，支持学校的建设，参与学校管理。

第四十七条　国家机关、军队、企业事业组织及其他社会组织应当为学校组织的学生实习、社会实践活动提供帮助和便利。

第四十八条　学校及其他教育机构在不影响正常教育教学活动的前提下，应当积极参加当地的社会公益活动。

第四十九条　未成年人的父母或者其他监护人应当为其未成年子女或者其他被监护人受教育提供必要条件。

未成年人的父母或者其他监护人应当配合学校及其他教育机构，对其未成年子女或者其他被监护人进行教育。

学校、教师可以对学生家长提供家庭教育指导。

第五十条　图书馆、博物馆、科技馆、文化馆、美术馆、体育馆（场）等社会公共文化体育设施，以及历史文化古迹和革命纪念馆（地），应当对教师、学生实行优待，为受教育者接受教育提供便利。

广播、电视台（站）应当开设教育节目，促进受教育者思想品德、文化和科学技术素质的提高。

第五十一条　国家、社会建立和发展对未成年人进行校外教育的设施。

学校及其他教育机构应当同基层群众性自治组织、企业事业组织、社会团体相互配合，加强对未成年人的校外教育工作。

第五十二条　国家鼓励社会团体、社会文化机构及其他社会组织和个人开展有益于受教育者身心健康的社会文化教育活动。

第七章　教育投入与条件保障

第五十三条　国家建立以财政拨款为主、其他多种渠道筹措教育经费为辅的体制，逐步增加对教育的投入，保证国家举办的学校教育经费的稳定来源。

企业事业组织、社会团体及其他社会组织和个人依法举办的学校及其他教育机构，办学经费由举办者负责筹措，各级人民政府可以给予适当支持。

第五十四条　国家财政性教育经费支出占国民生产总值的比例应当随着国民经济的发展和财政收入的增长逐步提高。具体比例和实施步骤由国务院规定。

全国各级财政支出总额中教育经费所占比例应当随着国民经济的发展逐步提高。

第五十五条　各级人民政府的教育经费支出，按照事权和财权相统一的原则，在财政预算中单独列项。

各级人民政府教育财政拨款的增长应当高于财政经常性收入的增长，并使按在校学生人数平均的教育费用逐步增长，保证教师工资和学生人均公用经费逐步增长。

第五十六条　国务院及县级以上地方各级人民政府应当设立教育专项资金，重点扶持边远贫困地区、少数民族地区实施义务教育。

第五十七条　税务机关依法足额征收教育费附加，由教育行政部门统筹管理，主要用于实施义务教育。

省、自治区、直辖市人民政府根据国务院的有关规定，可以决定开征用于教育的地方附加费，专款专用。

农村乡统筹中的教育费附加，由乡人民政府组织收取，由县级人民政府教育行政部门代为管理或者由乡人民政府管理，用于本乡范围内乡、村两级教育事业。农村教育费附加在乡统筹中所占具体比例和具体管理办法，由省、自治区、直辖市人民政府规定。

第五十八条　国家采取优惠措施，鼓励和扶持学校在不影响正常教育教学的前提下开展勤工俭学和社会服务，兴办校办产业。

第五十九条　经县级人民政府批准，乡、民族乡、镇的人民政府根据自愿、量力的原则，可以在本行政区域内集资办学，用于实施义务教育学校的危房改造和修缮、新建校舍，不得挪作他用。

第六十条　国家鼓励境内、境外社会组织和个人捐资助学。

第六十一条　国家财政性教育经费、社会组织和个人对教育的捐赠，必须用于教育，不得挪用、克扣。

第六十二条　国家鼓励运用金融、信贷手段，支持教育事业的发展。

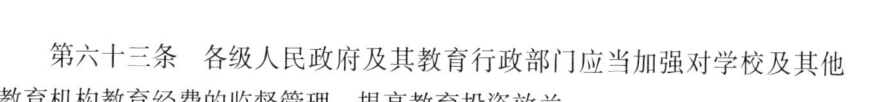

第六十三条　各级人民政府及其教育行政部门应当加强对学校及其他教育机构教育经费的监督管理，提高教育投资效益。

第六十四条　地方各级人民政府及其有关行政部门必须把学校的基本建设纳入城乡建设规划，统筹安排学校的基本建设用地及所需物资，按照国家有关规定实行优先、优惠政策。

第六十五条　各级人民政府对教科书及教学用图书资料的出版发行，对教学仪器、设备的生产和供应，对用于学校教育教学和科学研究的图书资料、教学仪器、设备的进口，按照国家有关规定实行优先、优惠政策。

第六十六条　县级以上人民政府应当发展卫星电视教育和其他现代化教学手段，有关行政部门应当优先安排，给予扶持。

国家鼓励学校及其他教育机构推广运用现代化教学手段。

第八章　教育对外交流与合作

第六十七条　国家鼓励开展教育对外交流与合作。

教育对外交流与合作坚持独立自主、平等互利、相互尊重的原则，不得违反中国法律，不得损害国家主权、安全和社会公共利益。

第六十八条　中国境内公民出国留学、研究、进行学术交流或者任教，依照国家有关规定办理。

第六十九条　中国境外个人符合国家规定的条件并办理有关手续后，可以进入中国境内学校及其他教育机构学习、研究、进行学术交流或者任教，其合法权益受国家保护。

第七十条　中国对境外教育机构颁发的学位证书、学历证书及其他学业证书的承认，依照中华人民共和国缔结或者加入的国际条约办理，或者按照国家有关规定办理。

第九章　法律责任

第七十一条　违反国家有关规定，不按照预算核拨教育经费的，由同级人民政府限期核拨；情节严重的，对直接负责的主管人员和其他直接责任人员，依法给予行政处分。

违反国家财政制度、财务制度，挪用、克扣教育经费的，由上级机关责令限期归还被挪用、克扣的经费，并对直接负责的主管人员和其他直接责任人员，依法给予行政处分；构成犯罪的，依法追究刑事责任。

第七十二条 结伙斗殴、寻衅滋事，扰乱学校及其他教育机构教育教学秩序或者破坏校舍、场地及其他财产的，由公安机关给予治安管理处罚；构成犯罪的，依法追究刑事责任。

侵占学校及其他教育机构的校舍、场地及其他财产的，依法承担民事责任。

第七十三条 明知校舍或者教育教学设施有危险，而不采取措施，造成人员伤亡或者重大财产损失的，对直接负责的主管人员和其他直接责任人员，依法追究刑事责任。

第七十四条 违反国家有关规定，向学校或者其他教育机构收取费用的，由政府责令退还所收费用；对直接负责的主管人员和其他直接责任人员，依法给予行政处分。

第七十五条 违反国家有关规定，举办学校或者其他教育机构的，由教育行政部门予以撤销；有违法所得的，没收违法所得；对直接负责的主管人员和其他直接责任人员，依法给予行政处分。

第七十六条 违反国家有关规定招收学员的，由教育行政部门责令退回招收的学员，退还所收费用；对直接负责的主管人员和其他直接责任人员，依法给予行政处分。

第七十七条 在招收学生工作中徇私舞弊的，由教育行政部门责令退回招收的人员；对直接负责的主管人员和其他直接责任人员，依法给予行政处分；构成犯罪的，依法追究刑事责任。

第七十八条 学校及其他教育机构违反国家有关规定向受教育者收取费用的，由教育行政部门责令退还所收费用；对直接负责的主管人员和其他直接责任人员，依法给予行政处分。

第七十九条 在国家教育考试中作弊的，由教育行政部门宣布考试无效，对直接负责的主管人员和其他直接责任人员，依法给予行政处分。

非法举办国家教育考试的，由教育行政部门宣布考试无效；有违法所得的，没收违法所得；对直接负责的主管人员和其他直接责任人员，依法给予行政处分。

第八十条 违反本法规定，颁发学位证书、学历证书或者其他学业证书的，由教育行政部门宣布证书无效，责令收回或者予以没收；有违法所得的，没收违法所得；情节严重的，取消其颁发证书的资格。

第八十一条　违反本法规定，侵犯教师、受教育者、学校或者其他教育机构的合法权益，造成损失、损害的，应当依法承担民事责任。

第十章　附　则

第八十二条　军事学校教育由中央军事委员会根据本法的原则规定。

宗教学校教育由国务院另行规定。

第八十三条　境外的组织和个人在中国境内办学和合作办学的办法，由国务院规定。

第八十四条　本法自1995年9月1日起施行。

《中华人民共和国义务教育法（修订）》

（1986年4月12日第六届全国人民代表大会第四次会议通过，2006年6月29日第十届全国人民代表大会常务委员会第二十二次会议修订，2006年6月29日中华人民共和国主席令第52号公布自2006年9月1日起施行）

第一章　总　则

第一条　为了保障适龄儿童、少年接受义务教育的权利，保证义务教育的实施，提高全民族素质，根据宪法和教育法，制定本法。

第二条　国家实行九年义务教育制度。

义务教育是国家统一实施的所有适龄儿童、少年必须接受的教育，是国家必须予以保障的公益性事业。

实施义务教育，不收学费、杂费。

国家建立义务教育经费保障机制，保证义务教育制度实施。

第三条　义务教育必须贯彻国家的教育方针，实施素质教育，提高教育质量，使适龄儿童、少年在品德、智力、体质等方面全面发展，为培养有理想、有道德、有文化、有纪律的社会主义建设者和接班人奠定基础。

第四条　凡具有中华人民共和国国籍的适龄儿童、少年，不分性别、民族、种族、家庭财产状况、宗教信仰等，依法享有平等接受义务教育的权利，并履行接受义务教育的义务。

第五条　各级人民政府及其有关部门应当履行本法规定的各项职责，保障适龄儿童、少年接受义务教育的权利。

适龄儿童、少年的父母或者其他法定监护人应当依法保证其按时入学接受并完成义务教育。

依法实施义务教育的学校应当按照规定标准完成教育教学任务，保证教育教学质量。

社会组织和个人应当为适龄儿童、少年接受义务教育创造良好的环境。

第六条　国务院和县级以上地方人民政府应当合理配置教育资源，促进义务教育均衡发展，改善薄弱学校的办学条件，并采取措施，保障农村地区、民族地区实施义务教育，保障家庭经济困难的和残疾的适龄儿童、少年接受义务教育。

国家组织和鼓励经济发达地区支援经济欠发达地区实施义务教育。

第七条　义务教育实行国务院领导，省、自治区、直辖市人民政府统筹规划实施，县级人民政府为主管理的体制。

县级以上人民政府教育行政部门具体负责义务教育实施工作；县级以上人民政府其他有关部门在各自的职责范围内负责义务教育实施工作。

第八条　人民政府教育督导机构对义务教育工作执行法律法规情况、教育教学质量以及义务教育均衡发展状况等进行督导，督导报告向社会公布。

第九条　任何社会组织或者个人有权对违反本法的行为向有关国家机关提出检举或者控告。

发生违反本法的重大事件，妨碍义务教育实施，造成重大社会影响的，负有领导责任的人民政府或者人民政府教育行政部门负责人应当引咎辞职。

第十条　对在义务教育实施工作中作出突出贡献的社会组织和个人，各级人民政府及其有关部门应按照有关规定给予表彰、奖励。

第二章　学　生

第十一条　凡年满6周岁的儿童，其父母或者其他法定监护人应当送其入学接受并完成义务教育；条件不具备的地区的儿童，可以推迟到7周岁。

适龄儿童、少年因身体状况需要延缓入学或者休学的，其父母或者其他法定监护人应当提出申请，由当地乡镇人民政府或者县级人民政府教育行政部门批准。

第十二条　适龄儿童、少年免试入学。地方各级人民政府应当保障适龄儿童、少年在户籍所在地学校就近入学。

父母或者其他法定监护人在非户籍所在地工作或者居住的适龄儿童、少年，在其父母或者其他法定监护人工作或者居住地接受义务教育的，当地人民政府应当为其提供平等接受义务教育的条件。具体办法由省、自治区、直辖市规定。

县级人民政府教育行政部门对本行政区域内的军人子女接受义务教育予以保障。

第十三条　县级人民政府教育行政部门和乡镇人民政府组织和督促适龄儿童、少年入学，帮助解决适龄儿童、少年接受义务教育的困难，采取措施防止适龄儿童、少年辍学。

居民委员会和村民委员会协助政府做好工作，督促适龄儿童、少年入学。

第十四条　禁止用人单位招用应当接受义务教育的适龄儿童、少年。

根据国家有关规定经批准招收适龄儿童、少年进行文艺、体育等专业训练的社会组织，应当保证所招收的适龄儿童、少年接受义务教育；自行实施义务教育的，应当经县级人民政府教育行政部门批准。

第三章　学　校

第十五条　县级以上地方人民政府根据本行政区域内居住的适龄儿童、少年的数量和分布状况等因素，按照国家有关规定，制定、调整学校设置规划。新建居民区需要设置学校的，应当与居民区的建设同步进行。

第十六条　学校建设，应当符合国家规定的办学标准，适应教育教学需要；应当符合国家规定的选址要求和建设标准，确保学生和教职工安全。

第十七条　县级人民政府根据需要设置寄宿制学校，保障居住分散的适龄儿童、少年入学接受义务教育。

第十八条　国务院教育行政部门和省、自治区、直辖市人民政府根据需要，在经济发达地区设置接收少数民族适龄儿童、少年的学校（班）。

第十九条　县级以上地方人民政府根据需要设置相应的实施特殊教育的学校（班），对视力残疾、听力语言残疾和智力残疾的适龄儿童、少年实施义务教育。特殊教育学校（班）应当具备适应残疾儿童、少年学习、康

教育法律法规篇

复、生活特点的场所和设施。

普通学校应当接收具有接受普通教育能力的残疾适龄儿童、少年随班就读，并为其学习、康复提供帮助。

第二十条　县级以上地方人民政府根据需要，为具有《预防未成年人犯罪法》规定的严重不良行为的适龄少年设置专门的学校实施义务教育。

第二十一条　对未完成义务教育的未成年犯和被采取强制性教育措施的未成年人应当进行义务教育，所需经费由人民政府予以保障。

第二十二条　县级以上人民政府及其教育行政部门应当促进学校均衡发展，缩小学校之间办学条件的差距，不得将学校分为重点学校和非重点学校。学校不得分设重点班和非重点班。

县级以上人民政府及其教育行政部门不得以任何名义改变或者变相改变公办学校的性质。

第二十三条　各级人民政府及其有关部门依法维护学校周边秩序，保护学生、教师、学校的合法权益，为学校提供安全保障。

第二十四条　学校应当建立、健全安全制度和应急机制，对学生进行安全教育，加强管理，及时消除隐患，预防发生事故。

县级以上地方人民政府定期对学校校舍安全进行检查；对需要维修、改造的，及时予以维修、改造。

学校不得聘用曾经因故意犯罪被依法剥夺政治权利或者其他不适合从事义务教育工作的人担任工作人员。

第二十五条　学校不得违反国家规定收取费用，不得以向学生推销或者变相推销商品、服务等方式谋取利益。

第二十六条　学校实行校长负责制。校长应当符合国家规定的任职条件。校长由县级人民政府教育行政部门依法聘任。

第二十七条　对违反学校管理制度的学生，学校应当予以批评教育，不得开除。

第四章　教　师

第二十八条　教师享有法律规定的权利，履行法律规定的义务，应当为人师表，忠诚于人民的教育事业。

全社会应当尊重教师。

第二十九条　教师在教育教学中应当平等对待学生，关注学生的个体差异，因材施教，促进学生的充分发展。

教师应当尊重学生的人格，不得歧视学生，不得对学生实施体罚、变相体罚或者其他侮辱人格尊严的行为，不得侵犯学生合法权益。

第三十条　教师应当取得国家规定的教师资格。

国家建立统一的义务教育教师职务制度。教师职务分为初级职务、中级职务和高级职务。

第三十一条　各级人民政府保障教师工资福利和社会保险待遇，改善教师工作和生活条件；完善农村教师工资经费保障机制。

教师的平均工资水平应当不低于当地公务员的平均工资水平。

特殊教育教师享有特殊岗位补助津贴。在民族地区和边远贫困地区工作的教师享有艰苦贫困地区补助津贴。

第三十二条　县级以上人民政府应当加强教师培养工作，采取措施发展教师教育。

县级人民政府教育行政部门应当均衡配置本行政区域内学校师资力量，组织校长、教师的培训和流动，加强对薄弱学校的建设。

第三十三条　国务院和地方各级人民政府鼓励和支持城市学校教师和高等学校毕业生到农村地区、民族地区从事义务教育工作。

国家鼓励高等学校毕业生以志愿者的方式到农村地区、民族地区缺乏教师的学校任教。县级人民政府教育行政部门依法认定其教师资格，其任教时间计入工龄。

第五章　教育教学

第三十四条　教育教学工作应当符合教育规律和学生身心发展特点，面向全体学生，教书育人，将德育、智育、体育、美育等有机统一在教育教学活动中，注重培养学生独立思考能力、创新能力和实践能力，促进学生全面发展。

第三十五条　国务院教育行政部门根据适龄儿童、少年身心发展的状况和实际情况，确定教学制度、教育教学内容和课程设置，改革考试制度，并改进高级中等学校招生办法，推进实施素质教育。

学校和教师按照确定的教育教学内容和课程设置开展教育教学活动，

保证达到国家规定的基本质量要求。

国家鼓励学校和教师采用启发式教育等教育教学方法，提高教育教学质量。

第三十六条　学校应当把德育放在首位，寓德育于教育教学之中，开展与学生年龄相适应的社会实践活动，形成学校、家庭、社会相互配合的思想道德教育体系，促进学生养成良好的思想品德和行为习惯。

第三十七条　学校应当保证学生的课外活动时间，组织开展文化娱乐等课外活动。社会公共文化体育设施应当为学校开展课外活动提供便利。

第三十八条　教科书根据国家教育方针和课程标准编写，内容力求精简，精选必备的基础知识、基本技能，经济实用，保证质量。

国家机关工作人员和教科书审查人员，不得参与或者变相参与教科书的编写工作。

第三十九条　国家实行教科书审定制度。教科书的审定办法由国务院教育行政部门规定。

未经审定的教科书，不得出版、选用。

第四十条　教科书由国务院价格行政部门会同出版行政部门按照微利原则确定基准价。省、自治区、直辖市人民政府价格行政部门会同出版行政部门按照基准价确定零售价。

第四十一条　国家鼓励教科书循环使用。

第六章　经费保障

第四十二条　国家将义务教育全面纳入财政保障范围，义务教育经费由国务院和地方各级人民政府依照本法规定予以保障。

国务院和地方各级人民政府将义务教育经费纳入财政预算，按照教职工编制标准、工资标准和学校建设标准、学生人均公用经费标准等，及时足额拨付义务教育经费，确保学校的正常运转和校舍安全，确保教职工工资按照规定发放。

国务院和地方各级人民政府用于实施义务教育财政拨款的增长比例应当高于财政经常性收入的增长比例，保证按照在校学生人数平均的义务教育费用逐步增长，保证教职工工资和学生人均公用经费逐步增长。

第四十三条　学校的学生人均公用经费基本标准由国务院财政部门会同教育行政部门制定，并根据经济和社会发展状况适时调整。制定、调整学生人均公用经费基本标准，应当满足教育教学基本需要。

省、自治区、直辖市人民政府可以根据本行政区域的实际情况，制定不低于国家标准的学校学生人均公用经费标准。

特殊教育学校（班）学生人均公用经费标准应当高于普通学校学生人均公用经费标准。

第四十四条 义务教育经费投入实行国务院和地方各级人民政府根据职责共同分担，省、自治区、直辖市人民政府负责统筹落实的体制。农村义务教育所需经费，由各级人民政府根据国务院的规定分项目、按比例分担。

各级人民政府对家庭经济困难的适龄儿童、少年免费提供教科书并补助寄宿生生活费。

义务教育经费保障的具体办法由国务院规定。

第四十五条 地方各级人民政府在财政预算中将义务教育经费单列。

县级人民政府编制预算，除向农村地区学校和薄弱学校倾斜外，应当均衡安排义务教育经费。

第四十六条 国务院和省、自治区、直辖市人民政府规范财政转移支付制度，加大一般性转移支付规模和规范义务教育专项转移支付，支持和引导地方各级人民政府增加对义务教育的投入。地方各级人民政府确保将上级人民政府的义务教育转移支付资金按照规定用于义务教育。

第四十七条 国务院和县级以上地方人民政府根据实际需要，设立专项资金，扶持农村地区、民族地区实施义务教育。

第四十八条 国家鼓励社会组织和个人向义务教育捐赠，鼓励按照国家有关基金会管理的规定设立义务教育基金。

第四十九条 义务教育经费严格按照预算规定用于义务教育；任何组织和个人不得侵占、挪用义务教育经费，不得向学校非法收取或者摊派费用。

第五十条 县级以上人民政府建立健全义务教育经费的审计监督和统计公告制度。

第七章 法律责任

第五十一条 国务院有关部门和地方各级人民政府违反本法第六章的规定，未履行对义务教育经费保障职责的，由国务院或者上级地方人民政府责令限期改正；情节严重的，对直接负责的主管人员和其他直接责任人员依法给予行政处分。

第五十二条　县级以上地方人民政府有下列情形之一的，由上级人民政府责令限期改正；情节严重的，对直接负责的主管人员和其他直接责任人员依法给予行政处分：

（一）未按照国家有关规定制定、调整学校的设置规划的；

（二）学校建设不符合国家规定的办学标准、选址要求和建设标准的；

（三）未定期对学校校舍安全进行检查，并及时维修、改造的；

（四）未依照本法规定均衡安排义务教育经费的。

第五十三条　县级以上人民政府或者其教育行政部门有下列情形之一的，由上级人民政府或者其教育行政部门责令限期改正、通报批评；情节严重的，对直接负责的主管人员和其他直接责任人员依法给予行政处分：

（一）将学校分为重点学校和非重点学校的；

（二）改变或者变相改变公办学校性质的。

县级人民政府教育行政部门或者乡镇人民政府未采取措施组织适龄儿童、少年入学或者防止辍学的，依照前款规定追究法律责任。

第五十四条　有下列情形之一的，由上级人民政府或者上级人民政府教育行政部门、财政部门、价格行政部门和审计机关根据职责分工责令限期改正；情节严重的，对直接负责的主管人员和其他直接责任人员依法给予处分：

（一）侵占、挪用义务教育经费的；

（二）向学校非法收取或者摊派费用的。

第五十五条　学校或者教师在义务教育工作中违反《教育法》、《教师法》规定的，依照《教育法》、《教师法》的有关规定处罚。

第五十六条　学校违反国家规定收取费用的，由县级人民政府教育行政部门责令退还所收费用；对直接负责的主管人员和其他直接责任人员依法给予处分。

学校以向学生推销或者变相推销商品、服务等方式谋取利益的，由县级人民政府教育行政部门给予通报批评；有违法所得的，没收违法所得；对直接负责的主管人员和其他直接责任人员依法给予处分。

国家机关工作人员和教科书审查人员参与或者变相参与教科书编写的，

由县级以上人民政府或者其教育行政部门根据职责权限责令限期改正，依法给予行政处分；有违法所得的，没收违法所得。

第五十七条　学校有下列情形之一的，由县级人民政府教育行政部门责令限期改正；情节严重的，对直接负责的主管人员和其他直接责任人员依法给予处分：

（一）拒绝接收具有接受普通教育能力的残疾适龄儿童、少年随班就读的；

（二）分设重点班和非重点班的；

（三）违反本法规定开除学生的；

（四）选用未经审定的教科书的。

第五十八条　适龄儿童、少年的父母或者其他法定监护人无正当理由未依照本法规定送适龄儿童、少年入学接受义务教育的，由当地乡镇人民政府或者县级人民政府教育行政部门给予批评教育，责令限期改正。

第五十九条　有下列情形之一的，依照有关法律、行政法规的规定予以处罚：

（一）胁迫或者诱骗应当接受义务教育的适龄儿童、少年失学、辍学的；

（二）非法招用应当接受义务教育的适龄儿童、少年的；

（三）出版未经依法审定的教科书的。

第六十条　违反本法规定，构成犯罪的，依法追究刑事责任。

第八章　附　则

第六十一条　对接受义务教育的适龄儿童、少年不收杂费的实施步骤，由国务院规定。

第六十二条　社会组织或者个人依法举办的民办学校实施义务教育的，依照《民办教育促进法》有关规定执行；《民办教育促进法》未作规定的，适用本法。

第六十三条　本法自 2006 年 9 月 1 日起施行。

《中华人民共和国义务教育法实施细则》

第一章　总　则

第一条　根据《中华人民共和国义务教育法》（以下简称《义务教育

法》）第十七条的规定，制定本细则。

第二条　《义务教育法》第四条所称适龄儿童、少年，是指依法应当入学至受完规定年限义务教育的年龄阶段的儿童、少年。

适龄儿童、少年接受义务教育的入学年龄和年限，以及因缓学或者其他特殊情况需延长的在校年龄，由省级人民政府依照《义务教育法》的规定和本地区实际情况确定。

盲、聋哑、弱智儿童和少年接受义务教育的入学年龄和在校年龄可适当放宽。

第三条　实施义务教育，在国务院领导下，由地方各级人民政府负责，按省、县、乡分级管理。

各级教育主管部门在本级人民政府领导下，具体负责组织、管理本行政区域内实施义务教育的工作。

第四条　省级人民政府根据本地区经济和社会发展状况，因地制宜，分阶段、有步骤地推行九年制义务教育。

第五条　实施义务教育，城市以市或者市辖区为单位组织进行；农村以县为单位组织进行，并落实到乡（镇）。

工矿区、农垦区、林区等组织实施义务教育的行政区划单位，由省级人民政府规定。

第六条　承担实施义务教育任务的学校为：地方人民政府设置或者批准设置的全日制小学、全日制普通中学、九年一贯制学校、初级中等职业技术学校、各种形式的简易小学或者教学点（班或者组）、盲童学校、聋哑学校、弱智儿童辅读学校（班）、工读学校等。

文艺、体育和特种工艺等单位，应当保证招收的适龄儿童、少年接受义务教育。上述单位自行实施义务教育教学工作，需经县级以上教育主管部门批准。

第二章　实施步骤

第七条　实施九年制义务教育，可以分为两个阶段：第一阶段，实施初等义务教育；第二阶段，在实施初等义务教育的基础上实施初级中等义务教育。初等教育达到《义务教育法》规定要求的，可直接实施初级中等义务教育。

第八条　实施义务教育，应当具备下列基本条件：

（一）与适龄儿童、少年数量相适应的校舍及其他基本教学设施；

（二）具有按编制标准配备的教师和符合《义务教育法》规定要求的师资来源；

（三）具有一定的经济能力，能够按照规定标准逐步配置教学仪器、图书资料和文娱、体育、卫生器材。

地方各级人民政府和其他办学单位应当积极采取措施，不断改善实施义务教育的条件。

第九条　直接实施初等义务教育有困难、需要分两步实施的，由设区的市级或者县级人民政府提出报告，报省级人民政府决定或者依照地方性法规规定办理。

第十条　各级人民政府应当努力在 20 世纪末普及初等义务教育。在全国大部分地区应当基本普及九年义务教育或者初级中等义务教育。

省级人民政府应当制定义务教育实施规划，规定实施义务教育的目标、完成规划期限和措施等。设区的市级或者县级人民政府应当根据省级人民政府的规划制定实施义务教育的具体方案。

第三章　就　学

第十一条　当地基层人民政府或者其授权的实施义务教育的学校至迟在新学年始业前 15 天，将应当接受义务教育的儿童、少年的入学通知发给其父母或者其他监护人。

适龄儿童、少年的父母或者其他监护人必须按照通知要求送子女或者其他被监护人入学。

第十二条　适龄儿童、少年需免学、缓学的，由其父母或者其他监护人提出申请，经县级以上教育主管部门或者乡级人民政府批准。因身体原因申请免学、缓学的，应当附具县级以上教育主管部门指定的医疗机构的证明。

缓学期满仍不能就学的，应当重新提出缓学申请。

第十三条　父母或者其他监护人不送其适龄子女或者其他被监护人入学的，以及其在校接受义务教育的适龄子女或者其他被监护人辍学的，在城市由市或者市辖区人民政府及其教育主管部门，在农村由乡级人民政府，采取措施，使其送子女或者其他被监护人就学。

第十四条 适龄儿童、少年到非户籍所在地接受义务教育的，经户籍所在地的县级教育主管部门或者乡级人民政府批准，可以按照居住地人民政府的有关规定申请借读。

借读的适龄儿童、少年接受义务教育的年限，以其户籍所在地的规定为准。

第十五条 对受完规定年限义务教育的儿童、少年，由学校发给完成义务教育的证书。完成义务教育证书的格式由省级教育主管部门统一制定。

受完当地规定年限义务教育获得的毕业证书或者结业证书，可视为完成义务教育的证书。

第十六条 适龄儿童、少年因学业成绩优异而提前达到与规定年限义务教育相应的初等教育或者初级中等教育毕业程度的，视为完成义务教育。

第十七条 实施义务教育的学校可收取杂费。收取杂费的标准和具体办法，由省级教育、物价、财政部门提出方案，报省级人民政府批准。已规定免收杂费的，其规定可以继续执行。

对家庭经济困难的学生，应当酌情减免杂费。

其他行政机关和学校不得违反国家有关规定，自行制定收费的项目及标准；不得向学生乱收费用。

第十八条 依照《义务教育法》规定享受助学金的贫困学生是指：初级中等学校、特殊教育学校的家庭经济困难的学生，少数民族聚居地区、经济困难地区、边远地区的小学及其他寄宿小学的家庭经济困难的学生。实行助学金制度的具体办法，由省级人民政府规定。

第四章 教育教学

第十九条 实施义务教育必须贯彻国家的教育方针，坚持社会主义方向，实行教育与生产劳动相结合，对学生进行德育、智育、体育、美育和劳动教育。

第二十条 实施义务教育的学校必须按照国务院教育主管部门发布的指导性教学计划、教学大纲和省级教育主管部门制定的教学计划，进行教育教学活动。

第二十一条 实施义务教育的学校应当选用经国务院教育主管部门审定或者其授权的省级教育主管部门审定的教科书。非经审定的教科书不得使用。但国家另有规定的除外。

第二十二条　实施义务教育学校的教育教学工作，应当适应全体学生身心发展的需要。

学校和教师不得对学生实施体罚、变相体罚或者其他侮辱人格尊严的行为；对品行有缺陷、学习有困难的儿童、少年应当给予帮助，不得歧视。

第二十三条　实施义务教育的学校可根据城乡经济、社会发展和学生自身发展的实际情况，有计划地对学生进行职业指导教育和职业预备教育或者劳动技艺教育。

第二十四条　实施义务教育的学校在教育教学和各种活动中，应当推广使用全国通用的普通话。

师范院校的教育教学和各种活动应当使用普通话。

第二十五条　民族自治地方应当按照义务教育法及其他有关法律规定组织实施本地区的义务教育。实施义务教育学校的设置、学制、办学形式、教学内容、教学用语，由民族自治地方的自治机关依照有关法律决定。

用少数民族通用的语言文字教学的学校，应当在小学高年级或者中学开设汉语文课程，也可以根据实际情况适当提前开设。

第五章　实施保障

第二十六条　实施义务教育学校的设置，由设区的市级或者县级人民政府统筹规划，合理布局。

小学的设置应当有利于适龄儿童、少年就近入学。寄宿制小学设置可适当集中。普通初级中学和初级中等职业技术学校的设置，应当根据人口分布状况和地理条件相对集中。

盲童学校（班）的设置，由省级或者设区的市级人民政府统筹安排。聋哑学校（班）和弱智儿童辅读学校（班）的设置，由设区的市级或者县级人民政府统筹安排。

第二十七条　省级人民政府应当制订实施义务教育各类学校的经费开支定额，并制订按照学生人数平均的公用经费开支标准、教职工编制标准和校舍建设、图书资料、仪器设备配置等标准。

地方各级人民政府应当制订实施规划，使学校分期分批达到前款所列的办学条件标准，并进行检查验收。

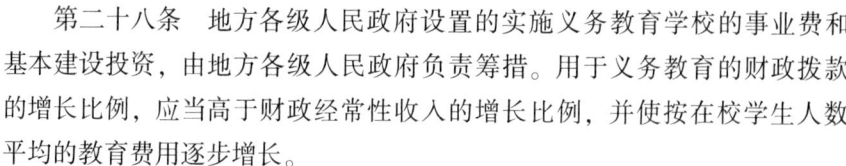

第二十八条　地方各级人民政府设置的实施义务教育学校的事业费和基本建设投资，由地方各级人民政府负责筹措。用于义务教育的财政拨款的增长比例，应当高于财政经常性收入的增长比例，并使按在校学生人数平均的教育费用逐步增长。

社会力量举办实施义务教育学校的事业费和基本建设投资，由办学单位或者经国家批准的私人办学者负责筹措。

中央和地方财政视具体情况，对经济困难地区和少数民族聚居地区实施义务教育给予适当补助。

地方各级人民政府应当鼓励各种社会力量以及个人自愿捐资助学。

第二十九条　依法征收的教育费附加，城市的，纳入预算管理，由教育主管部门统筹安排，提出分配方案，经同级财政部门同意后，用于改善中小学办学条件；农村的，由乡级人民政府负责统筹安排，主要用于支付国家补助、集体支付工资的教师的工资，改善办学条件和补充学校公用经费等。

学校的勤工俭学收入，部分应当用于改善办学条件。

第三十条　实施义务教育各类学校的新建、改建、扩建，应当列入城乡建设总体规划，并与居住人口和义务教育实施规划相协调。

实施义务教育的学校新建、改建、扩建所需资金，在城镇由当地人民政府负责列入基本建设投资计划，或者通过其他渠道筹措；在农村由乡、村负责筹措，县级人民政府对有困难的乡、村可酌情予以补助。

第三十一条　地方各级人民政府应当采取切实措施，保证实施义务教育各类学校教科书和文具纸张按时、按质、按量供应。

第三十二条　省级人民政府应当制定规划、采取措施，加强和发展师范教育，并组织其他高等学校为实施义务教育培养师资。

盲、聋哑、弱智儿童学校的师资，由省级人民政府根据实际情况组织培养。

第三十三条　各级教育主管部门应当加强实施义务教育学校的教师培训工作，使教师的思想政治素质和业务水平达到《义务教育法》规定的要求。

各级人民政府应当加强培训工作，提高实施义务教育学校校长的思想政治素质和管理水平。

校长和教师的在职培训工作，由县级以上地方各级教育主管部门负责组织。

第六章 管理与监督

第三十四条 地方各级人民政府及其教育主管部门应当建立实施义务教育的目标责任制，把实施义务教育的情况作为对有关负责人员政绩考核的重要内容。

第三十五条 县级以上各级人民政府应当建立对实施义务教育的工作进行监督、指导、检查的制度。

第三十六条 实施义务教育的学校及其他机构，在实施义务教育工作上，接受当地人民政府及其教育主管部门的管理、指导和监督。

第三十七条 地方各级人民政府对为实施义务教育作出突出贡献的企业事业单位、学校、社会团体、部队、居（村）民组织和公民，给予奖励。

第七章 罚 则

第三十八条 有下列情形之一的，由地方人民政府或者有关部门依照管理权限对有关责任人员给予行政处分：

（一）因工作失职未能如期实现义务教育实施规划目标的；

（二）无特殊原因，未能如期达到实施义务教育学校办学条件要求的；

（三）对学生辍学未采取必要措施加以解决的；

（四）无正当理由拒绝接收应当在该地区或者该学校接受义务教育的适龄儿童、少年就学的；

（五）将学校校舍、场地出租、出让或者移作他用，妨碍义务教育实施的；

（六）使用未经依法审定的教科书，造成不良影响的；

（七）其他妨碍义务教育实施的。

第三十九条 有下列情形之一的，由地方人民政府或者有关部门依照管理权限对有关责任人员给予行政处分；情节严重，构成犯罪的，依法追究刑事责任：

（一）侵占、克扣、挪用义务教育款项的；

（二）玩忽职守致使校舍倒塌，造成师生伤亡事故的。

第四十条 适龄儿童、少年的父母或者其他监护人未按规定送子女或者其他被监护人就学接受义务教育的，城市由市、市辖区人民政府或者其指定机构，农村由乡级人民政府，进行批评教育；经教育仍拒不送其子女或者其他被监护人就学的，可视具体情况处以罚款，并采取其他措施使其子女或者其他被监护人就学。

第四十一条　招用应当接受义务教育的适龄儿童、少年做工、经商或者从事其他雇佣性劳动的，按照国家有关禁止使用童工的规定处罚。

第四十二条　有下列行为之一的，由有关部门给予行政处分；违反《中华人民共和国治安管理处罚条例》的，由公安机关给予行政处罚；构成犯罪的，依法追究刑事责任：

（一）扰乱实施义务教育学校秩序的；

（二）侮辱、殴打教师、学生的；

（三）体罚学生情节严重的；

（四）侵占或者破坏学校校舍、场地和设备的。

第四十三条　当事人对行政处罚决定不服的，可以依照法律、法规的规定申请复议。当事人对复议决定不服的，可以依照法律、法规的规定向人民法院提起诉讼。当事人在规定的期限内不申请复议，也不向人民法院提起诉讼，又不履行处罚决定的，由作出处罚决定的机关申请人民法院强制执行，或者依法强制执行。

第八章　附　则

第四十四条　适龄儿童的入学年龄以新学年始业前达到的实足年龄为准。

第四十五条　本细则由国家教育委员会负责解释。

第四十六条　本细则自发布之日起施行。

《国家教委办公厅关于中小学女生被拐卖情况严重的通报》

（1991 年 4 月 29 日）

近几年来，有的地方连续发生违法犯罪分子拐卖中小学女生的案件，这些被拐卖的女学生惨遭毒打、关押、蹂躏，身心受到严重摧残，境况十分悲惨。现将四川省教委整理的《中小学女生被拐卖情况严重》的材料印发给你们，并将有关问题通报如下：

一、保护女青少年的合法权益，保证她们的安全和身心健康，是各级教育行政部门和学校义不容辞的责任。对犯罪分子拐卖中小学女生的违法行为，更不能熟视无睹。各级教育行政部门和学校，要根据实际情况采取有力措施，切实做好工作。

二、各地各学校一经发现犯罪分子拐卖中小学女生的案件，应及时向当地政法部门报告，并主动配合做好工作，对犯罪分子依法予以严厉打击。在发案较多的地方，教育行政部门要提请当地党委和政府，组织政法、妇女等有关部门密切配合，加强社会治安的综合治理，加强对女青少年的保护工作，与犯罪分子作坚决的斗争。国家对未成年人保护的法规正在制订。颁布前，各地可以根据实际情况制定对未成年人保护的地方性法规或规章。

三、各地教育行政部门和学校要加强对学生的自我保护教育。要教育学生热爱家乡、热爱祖国，树立努力学习、长大建设家乡、振兴中华、实现"四化"的志向；继承和发扬艰苦奋斗的优良传统，树立自尊、自爱、自重的思想，抵制资产阶级思想和腐朽生活方式的影响；要学法、知法，运用法律武器保护自己；提高分辨是非、区分真善美与假恶丑的能力，敢于同坏人坏事作斗争。在中学还要重视对学生进行青春期卫生知识和有关的道德行为教育。

四、各地教育行政部门和学校要重视加强对学生家长的工作，利用家长会、家长学校、家庭教育讲座等形式，帮助家长了解、掌握一些教育学、心理学方面的知识，使他们学会用正确态度对待子女，选择恰当的教育方法教育子女，既不能娇惯纵容，又不要简单粗暴。对学习有困难、品行有缺陷的学生，学校要与家长加强联系，共同研究方案，做好教育工作。

五、各地教育行政部门和学校还要针对本地实际情况，提请当地党委、政府，组织有关部门相互配合，在社会上开展宣传教育活动，坚决反对童婚、娃娃亲等现象，破除愚昧落后的传统习俗，树立社会主义新风尚。

六、各地要注意总结经验，及时向有关部门通报情况。

附件：中小学女生被拐卖情况严重（略）

教育法律法规篇

刑法法规篇

《联合国少年司法最低限度标准规则》（《北京规则》)》

(1985 年 11 月 29 日联合国第 96 次全体会议通过)

第一部分　总　则

1. 基本观点

1.1 会员国应努力按照其总的利益来增进少年及其家庭的福利。

1.2 会员国应尽力创造条件确保少年能在社会上过有意义的生活，并在其一生中最易沾染不良行为的时期使其成长和受教育的过程尽可能不受犯罪和不法行为的影响。

1.3 应充分注意采取积极措施，这些措施涉及充分调动所有可能的资源，包括家庭、志愿人员及其他社区团体以及学校和其他社区机构，以便促进少年的幸福，减少根据法律进行干预的必要，并在他们触犯法律时对他们加以有效、公平及合乎人道地处理。

1.4 少年司法应视为是在对所有少年实行社会正义的全面范围内的各国发展进程的一个组成部分，同时还应视为有助于保护青少年和维护社会的安宁秩序。

1.5 应根据每个会员国的经济、社会和文化情况来执行本原则。

1.6 应逐步地建立和协调少年司法机关，以便提高和保持这些机关工作人员的能力，包括他们的方法、着手办法和态度。

说　明

这些主要的基本观点涉及总的社会政策，旨在尽可能促进少年的幸福，从而尽量减少少年司法制度进行干预的必要。这样做也可减少任何干预可能带来的害处。在不法行为发生前为青少年采取这类照管措施是旨在避免产生有适用本规则之需要的基本政策手段。

规则 1.1 至 1.3 说明了积极的少年社会政策所起的重要作用，尤其在预防少年犯罪和不法行为方面的重要作用。规则 1.4 规定少年司法是为少年取得社会公理的一个组成部分，而规则 1.6 则谈到有必要经常改进少年司法，不使其落后于一般关于少年的渐进社会政策的发展，并切记有必要不断改善工作人员的服务。

规则 1.5 力求考虑到会员国的现状，这些现状势必会使会员国执行具体规则的方式互不相同。

2. 规则的范围和采用的定义

2.1 下列最低限度标准规则应公平适用于少年罪犯，不应有任何区别，例如种族、肤色、性别、语言、宗教、政治或其他见解、民族本源或社会出身、财产、血统或其他身份地位的区别。

2.2 为达到本规则的目的，会员国应在符合本国法律制度和法律概念的情况下应用下列定义：

（a）少年系指按照各国法律制度，对其违法行为可以不同于成年人的方式进行处理的儿童或少年人；

（b）违法行为系指按照各国法律制度可由法律加以惩处的任何行为（行为或不行为）；

（c）少年犯系指被指控犯有违法行为或被判定犯有违法行为的儿童或少年人。

2.3 应努力在每个国家司法管辖权范围内制订一套专门适用于少年犯的法律、规则和规定，并建立受权实施少年司法的机构和机关，其目的是：

（a）满足少年犯的不同需要，同时保护他们的基本权利；

（b）满足社会的需要；

（c）彻底和公平地执行下述规则。

说　明

特意拟就本最低限度标准规则以使可在不同的法律制度内适用，同时规定了一些无论根据哪种关于少年的定义和任何对待少年犯的制度都可用于处理少年犯的最低限度标准。实施本规则时应始终公平对待和不加任何区别。

因此规则 2.1 强调了公平和不加任何区别地实行本规则的重要性。这条规则遵循了《儿童权利宣言》原则 2 的拟写方式。

规则 2.2 界定"少年"和"违法行为"是"少年犯"概念的组成部分，少年犯是本最低限度标准规则的主要对象（另见规则 3 和 4）。应当指出的是，年龄限度将取决于各国本身的法律制度，并对此作了明文规定，从而充分尊重会员国的经济、社会、政治、文化和法律制度。这样，在"少年"的定义下，年龄幅度很大，从 7～18 岁或 18 岁以上不等。鉴于各国法律制度的不同，这种差别似乎是难免的，而且不会削弱本最低限度标准规则的作用。

规则 2.3 说明有必要制订具体的国家立法，以便合法地和符合实际地适当执行本最低限度标准规则。

3. 规则应用范围的扩大

3.1 本规则的有关规定不仅适用于少年犯，而且也适用于可能因犯有对成年人不予惩处的任何具体行为而被起诉的少年。

3.2 应致力将本规则中体现的原则扩大应用于所有受到保护福利和教管程序对待的少年。

3.3 还应致力将本规则中体现的原则扩大应用于年纪轻的成年罪犯。

说　明

规则 3 把少年司法最低限度标准规则的保护扩大到下列范围：

（a）各国法律制度中所称的"身份罪"，在这方面少年的违法行为范围较成年人为广（如旷课、在学校和家庭不服管教、公共场所酗酒等）（规则 3.1）

（b）少年福利和教管程序（规则 3.2）

（c）处理年轻的成年罪犯的程序，当然取决于每一特定的年龄限度（规则 3.3）。

将本规则的应用范围扩大到上述 3 个方面似乎是有道理的。规则 3.1 规定了这些方面最低限度的保证。人们认为，规则 3.2 是迈向对所有触犯法律的少年提供比较公正、公平、合乎人道的司法待遇的可喜的一步。

4. 刑事责任年龄

4.1 在承认少年负刑事责任的年龄这一概念的法律制度中，该年龄的起点不应规定得太低，应考虑到情绪和心智成熟的实际情况。

说　明

由于历史和文化的原因，负刑事责任的最小年龄差别很大。现代的做法是考虑一个儿童是否能达到负刑事责任的精神和心理要求，即根据孩子本人的辨别和理解能力来决定其是否能对本质上反社会的行为负责。如果将刑事责任的年龄规定得太低或根本没有年龄限度的下限，那么责任概念就会失去意义。总之，不法行为或犯罪行为的责任概念与其他社会权利和责任（如婚姻状况、法定成年等）密切有关。

因此，应当作出努力以便就国际上都适用的合理的最低年龄限度的问题取得一致意见。

5. 少年司法的目的

5.1 少年司法制度应强调少年的幸福，并应确保对少年犯作出的任何反应均应与罪犯和违法行为情况相称。

说　明

规则 5 提到了少年司法问题两个最重要的目的。第一个目的是增进少年的幸福。这是那些由家庭法院或行政当局来处理少年犯的法律制度的一个着重点。但是，在那些遵循刑事法院模式的法律制度中也应当对少年的幸福给予重视强调，从而可以避免只采用惩罚性的处分（并参看规则 14）。

第二个目的是"相称原则"。这一原则作为限制采取惩罚性处分的一种手段是众所周知的，而这一原则作为在人多数情况卜表现为对违法行为的严重性有公正的估量。不仅应当根据违法行为的严重程度而且也应根据本人的情况来对少年犯作出反应。应对罪犯个人的情况（如：社会地位、家庭情况、罪行造成的危害或影响个人情况的其他因素）作出相称的反应产生影响（如：考虑到罪犯为赔偿受害人而作出的努力，或注意到其愿意重新做人过有益生活的表示）。

由于同样的原因，旨在确保少年犯的幸福所作的反应也许会超过需要，因而侵犯了少年个人的基本权利，在某些少年司法制度中就存在这类情况。

在这方面，应当确保对罪犯的情况和对违法行为、包括受害人的情况所作出的反应也要相称。

实质上，规则5要求的正是在任何少年违法和犯罪案件中作出公正反应。这条规则中包括的问题也许会有助于促进以下两个方面的进展：既需要新的和创新的反应形式，又需要防止不适当地扩大对少年的正规社会约束网。

6. 处理权限

6.1 鉴于少年的各种不同特殊需要，而且可采取的措施也多种多样，应允许在诉讼的各个阶段和少年司法的各级——包括调查、检控、审判和后续处置安排——有适当的处理权限。

6.2 但是，应尽量确保所有各阶段和各级在行使任何这种处理权时充分承担责任。

6.3 行使处理权的人应具有特别资历或经过特别训练，能够根据自己的职责和权限明智地行使这种处理权。

说 明

规则6.1、6.2和6.3结合了有效、公正与合乎人道的少年司法的几个重要特点，必须允许在各级重要的诉讼程序中行使自由处理权，这样使有决定权的人能够对每一案件采取最适当的行动；必须规定进行核查和制衡，以便制止任何滥用自由处理权的现象并保护少年犯的权利。追究责任和专业化对制止扩大处理权是一种最为恰当的手段。因此，这里强调了专业条件和培训专家的重要性，对确保明智地处理少年犯问题是一种宝贵的手段。（并参看规则1.6和2.2）。在这方面，还强调了需要制订行使处理权的具体准则和对审查、上诉等制度作出规定，以便可以对裁决和责任进行检查。这些内容在这里没有具体列明，因为在国际最低限度标准规则中很难包含这些内容，也不可能包括各种司法制度的所有差别。

7. 少年的权利

7.1 在诉讼的各个阶段，应保证基本程序方面的保障措施，诸如假定无罪指控罪状通知本人的权利、保持沉默的权利、请律师的权利、要求父母或母亲或监护人在场的权利、与证人对质的权利和向上级机关上诉的权利。

说　明

规则 7.1 强调了几个重要问题，这些问题是进行公平合理审判的基本内容，并且在现有的一些人权文献中已得到了国际上的承认（并参看规则14）。例如：在《世界人权宣言》第 11 条和《公民权利和政治权利国际公约》第 14 条第 2 款中，都有假定无罪这方面的内容。

规则 14 以下的这些最低限度标准规则特别具体规定了对少年犯的诉讼程序中的一些重要问题，而规则 7.1 只是一般地确认了最基本的程序方面的保障措施。

8. 保护隐私

8.1 应在各个阶段尊重少年犯享有隐私的权利，以避免由于不适当的宣传或加以点名而对其造成伤害。

8.2 原则上不应公布可能会导致使人认出某一少年犯的资料。

说　明

规则 8 强调了保护少年犯罪享有隐私权的重要性。青少年特别易沾污烙印。犯罪学方面对于这种加以点名问题的研究表明，将少年老是看成是"少年犯"或"罪犯"会造成（各种不同）有害影响。

规则 8 还强调了保护少年犯不受由于传播工具公布有关案件的情况（例如被指控或定罪的少年犯的姓名）而造成的有害影响的重要性。少年犯的个人利益应当受到保护或维护，至少在原则上应如此（规则 8 的一般性内容在规则 21 中将作进一步的规定）。

9. 保留条款

9.1 本规则的任何部分都不应解释为排除应用联合国所通过的《囚犯待遇最低限度标准规则》和其他人权文书以及国际社会所承认的有关照顾和保护青少年的准则。

说　明

规则 9 旨在避免在根据现有或正在制订的国际人权文书和标准中所载原则解释和实施本规则时出现任何误解——这些文书如《世界人权宣言》、《经济、社会、文化权利国际公约》和《公民权利和政治权利国际公约》、《儿童权利宣言》和《儿童权利公约》草案。应该认识到，本规则的适用不影响可

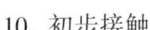

能载有适用范围更广泛的规定的任何这类国际文书（并参看规则27）。

第二部分　调查和检控

10. 初步接触

10.1 一旦逮捕就应立即将少年犯被捕之事通知其父母或监护人，如无法立即通知，即应在随后尽快通知其父母或监护人。

10.2 法官或其他主管人员或主管机关应不加拖延地考虑释放问题。

10.3 应设法安排执法机构与少年犯的接触，以便在充分考虑到案件发生情况的条件下，尊重少年的法律地位，促进少年的福利，避免对其造成伤害。

说　明

《囚犯待遇最低标准规则》第92条在原则上已包括了规则10.1。

法官或其他主管人员应不加拖延地考虑释放问题（规则10.2）。"主管人员"系该词最广义所指的任何人员或机关，包括有权释放任何被捕的人的社区委员会或警察当局（并参看《公民权利和政治权利国际公约》第9条第3款）。

规则10.3涉及警察和其他执法人员在处理少年罪行时的某些基本程序问题和行为。大家公认，"避免伤害"的措辞比较灵活，它包括可能互相影响的许多特点（例如恶语相伤、身体暴行或环境影响等）。触犯少年司法程序本身对少年就可能是"有害的"；因此，"避免伤害"应首先广义地解释为尽可能不伤害到少年，以及尽可能不造成其他任何或无故的伤害。这在与执法机构的初步接触中特别重要，因为这可能深刻地影响到少年对国家和社会的态度。而且，任何进一步的干预是否成功，在很大程度上取决于这种初步接触。在这种情况下，同情和宽厚坚定的态度极为重要。

11. 观护办法

11.1 应酌情考虑在处理少年犯时尽可能不提交下面规则14.1中提到的主管当局正式审判。

11.2 应授权处理少年犯案件的警察、检察机关或其他机构按照各法律系统为此目的规定的标准以及本规则所载的原则自行处置这种案件，无需依靠正式审讯。

11.3 任何涉及把少年犯安排到适当社区或其他部门观护的办法都应征得

少年、其父母或监护人的同意，但此种安排决定在执行前需经主管当局审查。

11.4 为便利自行处置少年案件，应致力提供各种社会方案，诸如短期监督和指导、对受害者的赔偿和补偿等等。

说　明

观护办法，包括免除刑事司法诉讼程序并且经常转交社区支助部门，是许多法律制度中正规和非正规的通常做法。这种办法能够防止少年司法中进一步采取的诉讼程序的消极作用（例如被定罪和判刑带来的烙印）。许多时候不干预可能是最佳的对策。因而，在一开始就采取观护办法而不转交替代性的（社会）部门可能是适当的对策。当罪行性质不严重，家庭、学校或进行非正规社会约束的其他机关已经以或可能会以适当的和建设性的方式作出反应时，情况尤其是如此。

规则11.2指出，警察、检察机关或法院、仲裁庭、委员会或理事会等其他机构可在作出决定的任何阶段采用观护办法。可以由一个、几个或全部当局根据各法律制度的规则和政策并遵循本规则来施行这种做法。这些做法不一定局限于性质较轻的案件，从而能使观护办法成为一种重要的工具。

规则11.3强调取得少年犯（或父或母或监护人）对建议的观护措施的同意这一要求的重要性（转送社区服务而不征得这种同意，将违反《废止强迫劳动公约》）。但是对这种同意也并非不能表示反对，因为，这种同意有时完全是由于少年出于走投无路的绝望心情才同意的。这一规则强调，在观护的各个阶段中，都应尽力减少强制和威胁的可能性。少年不应感到有压力（如避免出庭）或被迫同意接受观护方案。因此，最好作出规定，以便由"主管当局在执行前"客观地评价对少年犯的处置是否适宜（"主管当局"可不同于规则14所指的当局）。

规则11.4建议，以社区观护办法作为代替少年司法诉讼程序的可行办法。特别推举以赔偿受害者的方式来了结的方案以及通过短时期监督和指导以避免将来触犯法律事件的方案。视个别案件情况有必要采取适当观护方法，即使当犯有比较严重的罪行（例如初犯，由于同伙的压力而犯下罪行等）。

12. 警察内部的专业化

12.1 为了圆满地履行其职责，经常或专门同少年打交道的警官或主要从事防止少年犯罪的警官应接受专门指导和训练。在大城市里，应为此目的设立特种警察小组。

说 明

规则 12 提请人们注意，必须对从事少年司法的所有执法人员提供专门训练。由于警察是与少年司法制度发生接触的第一步，因此，他们的行为必须有充分认识而且恰当，这一点极为重要。

虽然都市化与犯罪的关系十分复杂，但是少年犯罪行为的增加是与大城市的发展特别是无计划的迅速发展存在着联系的。因此，特种警察小组不仅对实施本文件中所载的具体原则（如规则 1.6）是不可缺少的，而且，从广义上说，对改善少年犯罪的预防和控制及少年犯罪的处理也是不可缺少的。

13. 审前拘留

13.1 审前拘留应仅作为万不得已的手段使用，而且时间尽可能短。

13.2 如有可能，应采取其他替代办法，诸如密切监视、加强看管或安置在一个家庭或一个教育机关或环境内。

13.3 审前拘留的少年有权享有联合国所通过的《囚犯待遇最低限度标准规则》内载的所有权利和保障。

13.4 审前拘留的少年应与成年人分开看管，应拘留在一个单独的监所或一个也拘留成年人的监所的单独部分。

13.5 看管期间，少年应接受按照他们的年龄、性别和个性所需要的照顾、保护和一切必要的社会、教育、职业、心理、医疗和物质方面的个人援助。

说 明

不应低估在审前拘留期间"犯罪污染"对少年的危害性。因此，强调需要采取替代性措施是极为重要的。为此目的，规则 13.1 鼓励制定新的和创新的措施以便为了少年的利益而避免采取这种拘留。

审前拘留的少年享有《囚犯待遇最低限制标准规则》以及《公民权利和政治权利国际公约》所规定的一切权利和保障，特别是第 9 条和第 10 条第 2 条第 2 （b）款和第 3 款规定的权利和保障。

规则 13.4 不妨碍各国采取其他至少与本规则所提措施同样有效的对付

成年罪犯的不利影响的措施。

列举了可能必要的各种不同的援助方式，以提请人们注意受拘留少年应获解决的特别需求的广泛性质（例如少女和少年、吸毒酗酒、患精神病的少年以及由于例如被逮捕而精神上受到创伤的少年人等）。

受拘留少年的不同的身心特点可能要求采取分类措施，从而对审前拘留的某些人实行单独看管，这样能避免少年受害，并提供更为恰当的援助。

第六届联合国预防犯罪和罪犯待遇大会在其关于少年司法标准的第4号决议规定，本规则除其他外，应反映出这一基本原则，即审前拘留应仅作为万不得已的手段使用，未成年的人不应被关押在易受成年被拘留者不良影响的设施中，并始终应考虑到他们发育成长阶段所特有的需要。

第三部分 审判和处理

14. 审判主管当局

14.1 少年罪犯的案件（按规则11）未转送观护机构时，则应由主管当局（法院、仲裁会、委员会、理事会等）按照公平合理审判的原则对其加以处理。

14.2 诉讼程序应按照最有利于少年的方式和在谅解的气氛下进行，应允许少年参与诉讼程序，并且自由地表达自己的意见。

说 明

要拟订一个可充当普遍称为审判当局的主管机关或个人的定义是很困难的。"主管当局"包括法院或仲裁庭的主持人（由一名法官或几名法官组成，包括专业和非专业地方法官以及行政管理委员会，如苏格兰和斯堪的纳维亚的制度）或其他更加非正规的带有审判性质的社会机构和解决冲突机构。

处理少年罪犯的程序在任何时候均应遵守在称为"正当法律程序"的程序下几乎普遍适用于任何刑事被告的最低限度标准。根据正当法律程序，"公平合理审判"应包括如下的基本保障：假定无罪、证人出庭和受询问、公共的法律辩护、保持沉默的权利、在审讯时最后发言的权利、上诉的权利等（并参看规则7.1）。

15. 法律顾问、父母和监护人

15.1 在整个诉讼程序中，少年应有权由一名法律顾问代表，或在提供义务法律援助的国家申请这种法律援助。

15.2 父母或监护人应有权参加诉讼，主管当局可以要求他们为了少年的利益参加诉讼。但是如果有理由认为，为了保护少年的利益必须排除他们参加诉讼，则主管当局可以拒绝他们参加。

说 明

规则 15.1 采用了同《囚犯待遇最低限度标准规则》第 93 条类似的词语。法律顾问和义务法律援助来确保向少年提供法律援助是必要的，规则15.2 中所述的父母或监护人参加的权利则应被视为是对少年一般的心理和感情上的援助，在整个程序过程中都是如此。

主管当局在对案件寻求适当处理时可能特别会从少年的法律代表（或少年可以而且真正信任的某个其他个人助理）的合作中获益。如果父母或监护人的出席起了反作用，例如，如果他们对少年表现出仇视的态度，那么这种关怀就会受挫；因此必须规定有排除他们参加的可能性。

16. 社会调查报告

16.1 所有案件除涉及轻微违法行为的案件外，在主管当局作出判决前的最后处理之前，应对少年生活的背景和环境或犯罪的条件进行适当的调查，以便主管当局对案件作出明智的判决。

说 明

在大多数少年法律诉讼案中，必须借助社会调查报告（社会报告或判决前调查报告）。应使主管当局了解少年的社会和家庭背景、学历、教育经历等有关事实。为此，有些司法制度利用法院或委员会附设的专门社会机构和人员来达到这一目的。其他人员包括执行缓刑的人员，也可起到这一作用。因此，本规则要求提供足够的社会服务，以便提出合乎要求的社会调查报告。

17. 审判和处理的指导原则

17.1 主管当局的处理应遵循下列原则：

（a）采取的反应不仅应当与犯罪的情况和严重性相称，而且应当与少年情况和需要以及社会的需要相称；

（b）只有经过认真考虑之后才能对少年的人身自由加以限制并应尽可

能把限制保持在最低限度；

（c）除非判决少年犯有涉及对他人行使暴力的严重行为，或屡犯其他严重罪行，并且不能对其采取其他合适的对策，否则不得剥夺其人身自由；

（d）在考虑少年的案件时，应把其福祉看作为主导因素。

17.2 少年犯任何罪行不得判以死刑；

17.3 不得对少年施行体罚；

17.4 主管当局有权随时撤销诉讼。

说　明

制订审判少年犯的准则，其主要困难在于存在着未解决的哲理性冲突，如：

（a）教改，或罪有应得；

（b）帮助，或压制和惩罚；

（c）根据每个案件情况作出反应，或者基于保护整个社会作出反应；

（d）普遍遏制或逐个瓦解。

处理少年案件的这些做法之间的矛盾比在成人案件中的矛盾要大。少年案件所特有的各种各样的原因和反应，使得所有这些解决办法都相互交错而不可分。

少年司法最低限度标准规则应起的作用不是规定遵循哪种办法，而是确认一种最符合国际上所接受原则的办法。因此，规则17.1、尤其是（a）、（c）分段中所确定的要点基本上应视为能确保有共同起点的实际可行的准则；如果有关当局重视这些准则（并参看规则5）它们就可大大有助于确保少年的基本权利得到保护，特别是个人发育成长和受教育的基本权利。

规则17.1（b）意味着采用严厉的惩罚性办法是不合适的。在成人案件中和某些严重的少年违法案件中，可能会认为罪有应得和惩罚性处分有些好处，但在少年案件中必须一贯以维护少年的福祉和他们未来的前途为重。

根据第6届联合国预防犯罪大会第8号决议，考虑到必须满足少年的特别要求，鼓励尽可能采用监外教养办法。因此，考虑到公共安全，应当充分应用现有的替代处分办法和制订新的替代处分办法。应当尽可能通过缓期判刑、有条件的判刑、委员会裁决和其他处置办法实施缓刑。

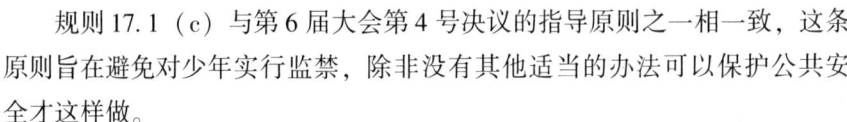

规则17.1（c）与第6届大会第4号决议的指导原则之一相一致，这条原则旨在避免对少年实行监禁，除非没有其他适当的办法可以保护公共安全才这样做。

规则17.2禁止死刑的规定是与《公民权利和政治权利国际公约》第6条第5款相一致的。

禁止使用体罚的规定是与《公民权利和政治权利国际公约》第7条和《保护人人不受酷刑和其他残忍、不人道或有辱人格的待遇或处罚宣言》以及《禁止酷刑和其他残忍、不人道或有辱人格的待遇或处罚公约》和《儿童权利公约（草案）》第17条相一致的。

随时撤销诉讼的权力（规则17.4）是处理少年犯与处理成年犯不同的固有特点。主管当局随时可能掌握到事实情况，以致完全停止干预似乎是对案件最好的处理。

18. 各种不同的处理办法

18.1 应使主管当局可以采用各种各样的处理措施，使其具有灵活性，从而最大限度地避免监禁。有些可以结合起来使用的这类措施包括：

（a）照管、监护和监督的裁决；

（b）缓刑；

（c）社区服务的裁决；

（d）罚款、补偿和赔偿；

（e）中间待遇和其他待遇的裁决；

（f）参加集体辅导和类似活动的裁决；

（g）有关寄养、生活区或其他教育设施的裁决；

（h）其他有关裁决。

18.2 不应使少年部分或完全地离开父母的监管，除非其案情有必要这样做。

说　明

规则18.1的目的是列举在不同的法律制度下一些已经实行而且至今证实有成效的重要反应和处分。总的来说，它们是一些很有希望的做法，值得效法和进一步加以发展。本规则没有对人员编制提出要求，因为可能某些地区会缺乏足够人员，可在这些地区试行或制定出需要较少人员的措施。

规则 18.1 所举例子都有共同的情况，即它们依靠和求助于社区有效执行监外教养办法。以社区为基础的改造是一种传统办法，现在已有多种形式。在这个基础上，应当鼓励有关当局提供以社区为基础的服务。

规则 18.2 指出家庭的重要性，根据《经济、社会、文化权利国际公约》第 10 条第 1 款，家庭是"社会的自然和基本的单元"。在家庭里，父母不仅有权利，而且在责任照料和监督其子女。因此，规则 18.2 要求把孩子与父母隔离开来这种办法当做万不得已的措施。只有当案情事实证明确实到了需要采取这一重大步骤（例如虐待儿童）时才可采取这种措施。

19. 尽量少用监案

19.1 把少年投入监禁机关始终应是万不得已的处理办法，其期限应是尽可能最短的必要时间。

说　明

进步的犯罪学主张采用非监禁办法代替监禁教改办法。就其成果而言，监禁与非监禁之间，并无很大或根本没有任何差别。任何监禁机构似乎不可避免地会对个人带来许多消极影响；很明显，这种影响不能通过教改努力予以抵消。少年的情况尤为如此，因为他们最易受到消极影响的侵袭。此外，由于少年正处于早期发育成长阶段，不仅失去自由而且与正常的社会环境隔绝，这对他们所产生的影响无疑较成人更为严重。

规则 19 的目的是从两个方面对监禁加以限制：从数量上（"万不得已的办法"）和从时间上（"最短的必要时间"）。规则 19 反映出第 6 届联合国大会第 4 号决议的基本指导原则之一：除非在别无任何其他适当办法时，不得把少年罪犯投入监狱。因此，本规定要求，如果不得不对少年实行监禁，则应将剥夺其自由的程度限制在最低限度，并就监禁作出特殊安排，同时注意区别罪犯、罪行和监禁机构的种类。实际上，应首先考虑采用"开放"而不是"并闭式"监禁机构。此外，任何设施均应是教养或感化性的，而不是监禁性的。

20. 避免不必要的拖延

20.1 每一案件从一开始就应迅速处理，不应有任何不必要的拖延。

说　明

刑法法规篇

在少年案件中迅速办理正式程序是首要的问题。否则法律程序和处置可能会达到的任何好效果都会有危险。随着时间的推移，少年理智和心理上就越来越难以（如果不是不可能）把法律程序和处置同违法行为联系起来。

21. 档案

21.1 对少年罪犯的档案应严格保密，不得让第三方利用。应仅限于与处理手头上的案件直接有关的人员或其他经正式授权的人员才可以接触这些档案。

21.2 少年罪犯的档案不得在其后的成人诉讼案中加以引用。

说　明

本条规则在于在关系档案或案卷的相互冲突利益之间取得平衡，即加强控制的警察、检察机关和其他当局的利益同少年罪犯的利益（并参看第 8 条）。"其他经正式授权的人员"一般除其他人员外，还有研究人员。

22. 需要专业化和培训

22.1 应利用专业教育、在职培训、进修课程以及其他各种适宜的授课方式，使所有处理少年案件的人员具备并保持必要的专业能力。

22.2 少年司法工作人员的组成应反映出触犯少年司法制度的少年的多样成分，应努力确保少年司法机构中有合理的妇女和少数民族工作人员。

说　明

处理案件的主管当局人员背景可能非常不同（在大不列颠及北爱尔兰联合王国及受习惯法系影响区域的地方法官；采用罗马法的国家及受这些国家影响的地区的经过正式训练的法官；其他一些地方推选的或任命的非专业审判员或陪审人员、社区委员会的成员等）。对于所有这些人员都要求具有最低限度的法律、社会学、心理学、犯罪学和行为科学的知识，这是同组织专业化和主管当局的独立性同等重要的。

对于社会工作者和缓刑监督人员来说，要求把职业专门化作为承担处理少年罪犯任务的前提条件可能是行不通的。因此，受过在职专业教育应为最低条件。

专业资格是确保公正有效地执行少年司法的一个重要因素。因此，有必要改进人员的聘用、晋升和专业培训工作，并为其提供必要的手段，以便使他们能有效地履行其职能。

在遴选、任命、提升少年司法人员时，应避免政治、社会、性别、种族、宗教、文化或其他任何种类的歧视，以便在少年司法工作中保持公正。这是由联合国第6届大会所建议的。此外，该届大会还要求会员国确保给予从事刑事司法工作的妇女公正平等的待遇，并建议应采取特别措施、聘用、培训妇女从事少年司法工作并为其晋升提供便利。

第四部分　非监禁待遇

23. 处理的有效执行

23.1 应为执行规则14.1所提到的主管当局所作裁决作出适当的规定，这些裁决可由当局本身或视情况需要由某个其他当局来执行。

23.2 这种规定应包括当局认为有必要时随时更动裁决的权力，其条件是应根据本规则所裁原则来决定这种更动。

说　明

处理少年案件比处理成人案件更易于对罪犯的一生产生长期影响，因此重要的是主管当局或原来处理案件的具备主管当局同样条件的独立机关（假释委员会、缓刑办公室、保护少年福利机构或其他机构）应监督对处理决定的执行。有些国家为此目的任命了执行法官。

主管当局的组成、权力和职能应是灵活的；规则23大体地对它们进行了说明，目的是使该条能被广泛地接受。

24. 提供必要的援助

24.1 应作出努力在诉讼的各个阶段为少年提供诸如住宿、教育或职业培训，就业或其他任何有帮助的实际援助，以便推动改造的过程。

说　明

增进少年的福利应是最优先的考虑。因此，规则24强调的，提供必要的设施、服务以及其他必要的协助是十分重要的，因为这样可以通过改造过程增进少年的最佳利益。

25. 动员志愿人员和其他各项社区服务

25.1 应发动志愿人员、自愿组织、当地机构以及其他社区资源在社区范围内并且尽可能在家庭内为改造少年犯作出有效的贡献。

说　明

本规则反映出为所有教改少年犯的工作制定改造方针的必要性。要使主管当局的指令得到有效的执行，社区方面的合作是必不可少的。志愿人员特别是自愿服务业经证明是非常有价值的资源，但目前未得到充分利用。在某些情况下，前科犯（包括已戒除的前吸毒者）的合作，可以提供相当大的帮助。

规则 25 是根据规则 1.1 至 1.6 中所列诸项原则和《公民权利和政治权利国际公约》中的有关规定制订的。

第五部分　监禁待遇

26. 监禁待遇的目标

26.1 被监禁少年的培训和待遇的目标是提供照管、保护、教育和职业技能，以便帮助他们在社会上起到建设性和生产性的作用。

26.2 被监禁少年应获得由于其年龄、性别和个性并且为其健康成长所需要的社会、教育、职业、心理、医疗和身体的照顾、保护和一切必要的援助。

26.3 应将被监禁的少年与成年人分开，应将他们关押在单独的一个监所或在关押成年人的监所的一个单独部分。

26.4 对被监禁的少女罪犯个人的需要和问题，应加以特别的关心。她们应得到的照管、保护、援助、待遇和培训绝不低于少年罪犯。应确保她们获得公正的待遇。

26.5 为了被监禁少年犯的利益和福祉，父母或监护人应有权探望他们。

26.6 应鼓励各部会和部门之间的合作，给被监禁的少年提供适当的知识或在适当时提供职业培训，以便确保他们离开监禁机关时不致成为没有知识的人。

说　明

规则 26.1 和 26.2 所确定的监禁待遇目标是任何制度和文化都可以接受的。但很多地方尚未达成这些目标，在这方面还需做更多的工作。

医疗和特别是心理上的帮助，对被监禁的吸毒成瘾的、狂暴的和患精神病的少年，是极重要的。

规则 26.3 规定，使处于监禁的少年免受成人罪犯的不利影响和保障他们的福祉，正如第 6 届大会第 4 号决议所规定的，是与本规则的一项基本指导原则相一致的。这一规则不妨碍各国采取至少与这一规则中所提措施同样有效的其他对付成人罪犯的不利影响的措施（并参看规则 13.4）。

规则 26.4 是针对第 6 届大会所指出的女性罪犯一般得到的注意较男性罪犯差这一事实。特别是第 6 届大会的第 9 号决议要求在刑事司法程序的每一阶段对女性罪犯给予公正的待遇，并在监禁时期对她们的特殊问题和需要给予特别的关心。此外，还应根据第 6 届大会的《加拉加斯宣言》——该宣言特别要求在刑事司法中给予平等待遇，并以《消除对妇女歧视宣言》和《消除对妇女一切形式歧视公约》为背景来考虑本规则。

探访权（规则 26.5）是根据规则 7.1、10.1、15.2 和 18.2 的规定而来的。部会部门之间的合作（规则 26.6）对普遍提高监禁待遇和培训的质量有特别的重要意义。

27. 联合国所通过的《囚犯待遇最低限度标准规则》的适用

27.1 《联合国囚犯待遇最低限度标准规则》和有关各项建议应就其有关方面适用于待被监禁的包括被拘留尚待审判的少年罪犯。

27.2 应尽最大的努力执行《囚犯待遇最低限度标准规则》所规定的有关原则，以便根据少年的年龄、性别和个性满足他们不同的需要。

说　明

《囚犯待遇最低限度标准规则》是联合国最早颁布的这类文书之一。人们普遍认为该规则已在全世界范围内产生影响。尽管在一些国家，其执行只是一种愿望而不是一个事实，但是该规则对监禁机关的人道和公平管理仍起着重要的影响作用。

《囚犯待遇最低限度标准规则》包括了一些涉及被监禁的少年罪犯的基本保护（住宿、建筑、被褥、衣服、申诉和要求、与外界的接触、食物、医疗、参加宗教仪式、按年龄分组、工作人员、工作等），其中也包括了处罚和纪律的规定以及对危险罪犯的管束。如果要在少年司法最低限度标准范围内，根据少年罪犯监禁机关的特点，来更动该最低限度标准规则，是不适当的。

规则 27 着重于被监禁少年的必要需求（规则 27.1）以及根据他们年龄、性别和个性的不同需要（规则 27.2）。因此，本规则的目标和内容是与《囚犯待遇最低限度标准规则》的有关规定互相关联的。

28. 经常、尽早地采用假释办法

28.1 有关当局应尽最大可能并尽早采用从监禁机关假释的办法。

28.2 有关当局应对从监禁机关假释的少年给予帮助和监督，社区应予充分的支持。

说　明

如规则 14.1 所提到的主管当局或某些其他当局具有就假释作出决定的权力。因此，本规则提到"有关"而不是"主管"当局，这是恰当的。

如果情况允许，应采取假释，不一定要服满刑期。当表明有改过自新进步良好的证据时，甚至在监禁时曾经被认为危险的罪犯，在可行时，也可予以假释。像缓刑一样，假释是有条件的，须做到在有关当局判决规定的一段时间内有良好的表现，例如，罪犯"行为良好"，参加社区教改方案、在重返社会训练所居住等。

从监禁机关获得假释的罪犯，应由一名缓刑工作人员或其他人员（尤其是尚未采用缓刑地方）给予帮助和监督，也应鼓励社区的支持。

29. 半监禁式的办法

29.1 应努力提供帮助少年重获社会新生的半监禁式办法，如重返社会训练所、教养院、日间训练中心及其他这类适当的安排办法。

说　明

不应低估在监禁期后加以照管的重要性。本规则强调有必要组成一系列半监禁式的安排办法。

本规则也强调有必要提供各种不同的设施和服务，以满足少年犯重返社会的不同需要，并且把提供指导和结构上的支助作为帮助顺利重获社会新生的一项重要措施。

第六部分　研究、规划、政策制定和评价

30. 研究作为规划、政策制定和评价的基础

30.1 应作出努力组织和促进必要的研究工作，把它作为有效规划和制定政策的基础。

30.2 应作出努力定期地审查和评价少年不法行为和犯罪的趋势、问题和原因以及被拘禁的少年的各种特殊需要。

30.3 应作出努力在少年司法制度中建立经常的评价研究体制，收集和分析供有关评价和今后改善和改革管理用的有关数据和资料。

30.4 在少年司法方面，提供服务工作应作为国家发展努力的一个组成部分来进行系统的规划和执行。

说 明

人们普遍承认，利用研究作为制定一项通晓情况的少年司法政策的基础，是保持实践与知识同时提高并不断发展和改进少年司法制度的一个重要方法。在少年司法方面，研究同政策的相互反馈是尤其重要的。由于少年的生活方式及少年犯罪方式和领域的迅速而且往往急剧的变化，社会和司法机关对少年犯罪和不法行为的反应很快就变得不合时宜和不适当了。

因此规则 30 为把研究结合到少年司法政策的制定和应用的过程，规定了一些标准。本规则指出，应特别注意有必要对现行的方案和措施作经常的审查和评价，并从总体发展目标这一更大的角度进行规则。

对少年的需要及其不法行为的趋势和问题进行不断的评价，是正规地和非正规地改进制订有关政策和确定适当干预方法的一个条件。在这方面，负责机构应促进独立人士和团体进行研究，获得并考虑到少年本身的意见。那些触犯过少年司法制度的少年的意见，也许是有价值的。在规划过程中必须特别强调更加有效和公平地提供必要服务的制度。为此应对少年普遍和特定的需要和问题进行全面和经常的评价，并定出明确的优生事项。在这方面，在使用现有资源、包括适于建立具体程序以执行和监督既定方案的监外教养办法和社区支持方面，也应进行协调。

《最高人民法院关于已满 14 岁不满 16 岁的人过失致人重伤是否应负刑事责任的批复》

（1990 年 6 月 4 日最高人民法院批复法（研）复〔1990〕5 号）

广东省高级人民法院：

你院《关于15岁的未成年人因玩弄气枪过失致人重伤（眼瞎），是否应负刑事责任的请示》收悉。

经研究，我们认为，《刑法》第14条第2款规定："已满14岁不满16岁的人，犯杀人、重伤、抢劫、放火、惯窃罪或者其他严重破坏社会秩序罪，应当负刑事责任。"这里说的"重伤"，是指故意伤害他人身体造成重伤，不包括过失致人重伤。15岁的未成年人过失致人重伤的行为，不应当负刑事责任，但应责令他的家长或者监护人加以管教；在必要的时候，也可以由政府收容教养。涉及民事赔偿的问题，按有关民事法律规定处理。

《最高人民法院关于办理少年刑事案件的若干规定（试行）》

（最高法院1991年1月26日颁布实施）

第一章 总 则

第一条 为了维护少年被告人的合法权益，依法惩罚和教育少年罪犯，保障无罪的少年不受刑事追究，逐步建立和完善具有中国特色的少年刑事审判制度，根据《中华人民共和国刑事诉讼法》和《中华人民共和国人民法院组织法》的有关规定，结合我国审判少年刑事案件的司法实践，制定本规定。

第二条 审判少年刑事案件，必须以事实为根据、法律为准绳，坚持惩罚与教育相结合的政策，执行"教育、感化、挽救"的方针，落实社会治安综合治理的措施。

第三条 人民法院应当在刑事审判庭内设立少年法庭（即少年刑事案件合议庭），有条件的也可以建立与其他审判庭同等建制的少年刑事审判庭。

最高人民法院和高级人民法院应当设立少年法庭指导小组，指导少年法庭的工作，总结和推广少年刑事审判工作的经验。

第四条 审判第一审刑事案件的少年法庭由审判员或者由审判员和人民陪审员组成，轻微的刑事案件和法律另有规定的案件除外。审判第二审刑事案件的少年法庭由审判员组成。

少年法庭的审判长应当由知识面广、政治和业务素质好、熟悉少年特点、善于做失足少年思想教育工作的审判员担任，并且应当保持相对的稳定。

少年法庭的人民陪审员一般由熟悉少年特点，热心于教育、挽救失足青少年工作的人员担任；也可以特别邀请共青团、妇联、工会、学校的教师、干部或者离退休人员等担任。

少年法庭的审判人员中应当有女审判员或者女人民陪审员。

第五条　少年法庭应当根据少年被告人的生理和心理特点，在审判的方式、方法上，注重疏导，寓教于审，惩教结合；准确、及时、合法地查明被指控的犯罪事实，并且帮助少年被告人认识犯罪原因和犯罪行为的社会危害性。

第六条　少年法庭受理案件的范围：

（一）被告人犯罪时不满 18 岁的；

（二）共同犯罪案件中，犯罪集团的首要分子或者主犯犯罪时不满 18 岁的；

（三）共同犯罪案件中，1/2 以上的被告人犯罪时不满 18 岁的。

其他涉及少年人的刑事案件是否由少年法庭受理，由法院院长或者审判庭庭长决定。对少年被告人的审判均应参照本规定办理。

第七条　人民法院应当加强同公安机关、人民检察院、司法行政机关的联系，坚持分工负责，互相配合，互相制约的原则，以保证准确、有效地执行法律，共同办理好少年刑事案件。

第八条　人民法院要取得工会、妇联、共青团、少年保护组织、教育等有关部门的协助，以共同做好少年被告人的教育和挽救工作。

第九条　对 14 岁以上不满 16 岁的少年被告人一律不公开审理。

对 16 岁以上不满 18 岁的少年被告人一般也不公开审理。如果必须公开审理的，应当经过法院院长或者审判庭庭长批准，并且限制旁听人数和范围。

不公开审理的少年刑事案件不得以任何方式公开被告人的影像。

少年被告人的成年近亲属和教师等人到庭有利于审判工作和教育、感化少年被告人的，经过审判庭庭长批准，可以准许或者邀请到庭，但不得向外界传播或者提供案件审理情况。

第十条　人民法院应当依法保证少年被告人获得辩护。

少年法庭应当告知少年被告人及其法定代理人，除被告人自己辩护外，还可以委托辩护人为他辩护。

对于没有委托辩护人的，人民法院应当为他指定辩护人。

在案件审理过程中，少年被告人可以拒绝辩护人继续为他辩护，也可以另行委托辩护人。

第二章 开庭前的准备工作

第十一条 少年法庭对提起公诉的少年刑事案件进行审查后，对于事实清楚、证据充分并且符合本规定第六条的，应当决定开庭审判；对于主要事实不清、证据不足的，人民法院可以退回人民检察院补充侦查；对于不需要追究刑事责任的，可以要求人民检察院撤回起诉，少年法庭也可以根据事实和法律作出判决。

决定开庭审判后，审判长应当主动与公诉人联系，了解少年被告人的性格、心理状态和在侦查、起诉过程中的表现。

第十二条 开庭审判前，审判人员应当认真阅卷，进行必要的调查和家访，了解少年被告人的出生日期、生活环境、成长过程、社会交往以及被指控犯罪前后的表现等情况，审查被指控的犯罪事实和动机。

第十三条 少年法庭可以借助家庭和社会的力量，采取座谈会等多种形式，对少年被告人进行法制宣传和教育，并提供必要的帮助。

第十四条 少年法庭向少年被告人送达起诉书副本时，应当向被告人讲明被指控的罪行和有关法律条款，讲解有关政策；并指明在接受审判时，应当实事求是地回答法庭的讯问。

第十五条 在开庭审判前，应当了解少年被告人对被指控罪行的认识和意见。

第十六条 少年法庭应当针对少年被告人的思想顾虑、畏惧心理、抵触情绪进行疏导和教育。

第十七条 对于少年被告人及其法定代理人、辩护人提出的新的事实和证据，人民法院可以退回人民检察院补充侦查；少年法庭也可以自行调查，收集和调取证据，重新进行勘验和鉴定。

第十八条 少年法庭在向少年被告人的法定代理人送达起诉书副本时，应当告知其在开庭审判中的权利、义务和注意事项。

第十九条　在开庭审判前，少年法庭认为必要时，可以安排少年被告人的法定代理人或者其他监护人与少年被告人见面。审判人员应当在场。

第二十条　少年被告人的法定代理人或者其他监护人对少年被告人的成长有不良影响或者教育不当的，审判人员应当促使其进行自我教育。

少年法庭应当告知少年被告人的法定代理人或者其他监护人不得推卸责任，也不得干扰审判。

第二十一条　少年法庭应当为辩护律师提供阅卷的便利和会见少年被告人的时间。审判人员还可以向辩护人介绍审判少年刑事案件的有关规定。

第二十二条　少年法庭审判前所做的工作和活动情形，应当记录存卷。

第三章　审　判

第二十三条　少年法庭应当在辩护台靠近旁听区一侧，为少年被告人的法定代理人设置座位。

第二十四条　少年被告人在法庭上可以坐着回答问题。

在法庭上不得对少年被告人使用戒具。司法警察可以不站庭，但应当入庭维持秩序。

第二十五条　少年法庭应当详细告知少年被告人依法享有的申请回避、辩护、发问、提出新的证据、申请重新鉴定或者勘验、最后陈述等诉讼权利，并确保其行使上述权利。

第二十六条　开庭前，少年法庭应当通知少年被告人的法定代理人到庭。法定代理人到庭妨碍、干扰少年被告人正常回答和陈述时，审判长可以制止或者令其退庭。对法定代理人不适宜出庭的，少年法庭可以更换其他监护人或者近亲属出庭。

法定代理人在法庭上享有申请回避、发问、辩护等诉讼权利。在少年被告人最后陈述后，经审判长许可，法定代理人还可以发言。

第二十七条　在法庭审理过程中，审判人员应当根据少年被告人的智力发育程度和心理状态，注意和缓法庭气氛，做到因案审理，因人施教。审判人员的态度既要平缓又不失严肃，用语既要准确又通俗易懂，既要注重疏导又要防止诱供。

第二十八条　法庭调查时，要仔细核实少年被告人在案件发生时的年龄。在查明案件事实和核实证据的同时，还应当查明作案的主观和客观原因。

第二十九条　在庭审过程中，不得对少年被告人进行训斥、讽刺和威胁。如有发生，法庭应当立即制止。

第三十条　经过法庭调查和辩论后，根据案件审理情况，可以进行庭审教育，公诉人和诉讼参与人可以围绕下列内容进行发言：

（一）教育少年被告人正确对待审判；

（二）犯罪行为对社会的危害和应受的刑罚处罚；

（三）分析危害社会的行为发生的主客观原因以及应当吸取的教训。

第三十一条　休庭时，可以允许法定代理人或者其他监护人等会见少年被告人，并且对其进行教育。审判人员或者司法警察应当在场。

第三十二条　对不满18岁的被告人宣告判决，应当公开进行，但不得召开群众大会。

在群众大会上宣告判决的共同犯罪案件中如有不满18岁的被告人时，该被告人不得出场。

第三十三条　宣告判决时，应当向少年被告人说明判决认定的犯罪事实、判处的刑罚，以及从重、加重，从轻、减轻或者免除刑事处罚、宣告无罪的法律依据和理由。

对于被判处管制或者拘役宣告缓刑、有期徒刑宣告缓刑、死刑缓期2年执行的，要具体讲解法律的有关规定。

第三十四条　宣告有罪判决时，应当对少年被告人进行认罪服法、接受改造、悔过自新的教育。

第三十五条　宣告判决时，应当通知少年被告人的法定代理人到庭，并向法定代理人送达判决书副本。

对于刑事附带民事诉讼的案件，少年法庭应当讲明少年被告人的法定代理人所应承担的民事赔偿责任。

第三十六条　应当明确告知少年被告人的上诉权利，并且讲明上诉不加刑的法律规定。

上诉期间，不满18岁的少年被告人及其法定代理人依法均享有上诉权；被告人已满18岁的，他的原法定代理人、辩护人或者其他近亲属要求上诉的，必须征得被告人的同意。

第三十七条　决定开庭审判的上诉和抗诉案件，参照上述规定进行。

第三十八条　第二审人民法院作出维持或者改变原审判决、裁定的，应当向上诉人讲明维持或者改判的理由和根据。

第二审人民法院判决确认少年被告人有罪时，应当继续向少年被告人做好教育工作，巩固、扩大办案效果。

第三十九条　判决宣告少年被告人无罪或者免除刑事处罚，以及判处拘役宣告缓刑和有期徒刑宣告缓刑的，如果被告人在押，在宣判后应当立即释放。

第四十条　中级人民法院判处死刑缓期2年执行的少年刑事案件，由高级人民法院核准。除依法核实事实和证据外，必须核实少年被告人的年龄。

第四十一条　少年法庭应当告知少年被告人及其法定代理人，对终审判决、裁定有提出申诉的权利。

第四章　执　行

第四十二条　对于被收监服刑的少年罪犯，少年法庭要认真、详细地填写结案登记表，连同生效的判决书副本、执行通知书一并送达执行机关。

第四十三条　对于判处管制、拘役宣告缓刑、有期徒刑宣告缓刑的少年罪犯，人民法院可以协助公安机关同其原所在学校、单位、街道、居民委员会、村民委员会、监护人等共同制定帮教措施，并进行必要的回访考察。

第四十四条　人民法院可以通过多种形式，与少年管教所建立联系，了解少年罪犯的改造情况，协助少年管教所做好帮教、改造工作。

人民法院可以定期或者不定期地对正在服刑的少年罪犯进行回访考察。

第四十五条　对于执行机关依法提出给少年罪犯减刑或者假释的书面意见，人民法院应当及时予以审核、裁定。人民法院对少年罪犯的减刑、假释，在掌握标准上可以比照成年罪犯依法适度放宽。

第四十六条　对于在押的少年罪犯及其家属提出的申诉，人民法院应当指定专人及时办理。

对于少年刑事申诉案件久拖不结的，上级人民法院可以指令下级人民法院限期办理并且报告结果。

第四十七条　被判处管制、拘役宣告缓刑、有期徒刑宣告缓刑的少年罪犯具备就学或者就业条件的，人民法院应当就其安置问题向有关部门提出司法建议，并且附送必要的材料。

第四十八条　少年法庭应当敦促被收监服刑的少年罪犯的父母或者其他监护人及时探视，使少年罪犯重新获得家庭和社会的关怀，增强改造的信心。

对被判处管制、拘役宣告缓刑、有期徒刑宣告缓刑的少年罪犯，少年法庭应适时走访少年罪犯的父母或者其他监护人，了解他们对少年罪犯的管理和教育情况，引导他们正确地承担管教责任，做到不溺爱、不歧视，为少年罪犯重新做人创造良好的环境。

第五章　附　则

第四十九条　少年刑事案件的诉讼案卷材料，未经批准，不得随意查询和摘录，不得公开和传播。

第五十条　本规定经最高人民法院审判委员会通过，自1991年2月1日起试行。

《最高人民法院关于已满14岁不满16岁的人犯走私、贩卖、运输、制造毒品罪应当如何适用法律问题的批复》

（1992年5月18日人民法院对云南省高级人民法院的回复，法复〔1992〕3号）

云南省高级人民法院：

你院云法研字〔1992〕第5号《关于已满14岁不满16岁的人犯走私毒品罪能否适用<刑法>第14条第2款规定的请示报告》收悉。经研究，答复如下：

已满14岁不满16岁的人走私、贩卖、运输、制造毒品，且具有《全国人民代表大会常务委员会关于禁毒的决定》（以下简称《决定》）第2条第1款和第2款规定的情形之一的，属于刑法第14条第2款中规定的"其他严重破坏社会秩序罪"，应当负刑事责任。但是，在处理具体案件时，应当注意根据案件的不同情况区别对待，对于被利用、教唆、胁迫、诱骗参加上述毒品犯罪活动的已满14岁不满16岁的人，一般可以不追究其刑事责任，依照《刑法》第14条第4款的规定处理。

《中国审理未成年人刑事案件的司法制度》

(1992 年 11 月 14 日颁布,由最高人民法院开始实施)

少年法庭在审理未成年人犯罪案件时,必须依法全面保障未成年被告人的一切诉讼权利。未成年人除享有法律赋予成年人的许多诉讼权利外,还享有一些特殊的诉讼权利。因此,我国少年法庭遵循一系列的原则,以保障未成年被告人的这些诉讼权利得以实现。这些原则主要有:

第一,法定代理人参加诉讼的原则。在开庭审理前或休庭时,经少年法庭许可,法定代理人可以与未成年被告人会面;审判中,法定代理人在法庭上享有申请回避、发问、辩护等诉讼权利;在未成年被告人最后陈述后,经审判长许可,法定代理人还可以发言;上诉期间,如果被告人尚未满 18 岁,法定代理人享有独立上诉权。

第二,不公开审理的原则。根据我国《刑事诉讼法》、《未成年人保护法》的规定,对未成年人犯罪案件实行不公开审理。对于 14 岁以上不满 16 岁的未成年人犯罪案件,一律不公开审理;对于已满 16 岁不满 18 岁未成年人犯罪案件,一般也不公开审理。但宣告判决均应公开进行,并通知法定代理人到庭。为了保护未成年被告人的权益,避免因其罪行在社会上广泛扩散,造成不利于未成年人今后生活的社会影响,少年法庭在审理少年刑事案件时,不得公开和传播诉讼案卷材料;不得以任何方式公开被告人的影像。

第三,全面调查原则。少年法庭在办理未成年人刑事案件时,除对案件事实、证据进行收集、审查外,还应就导致被控犯罪行为的主观和客观原因,以及对未成年人特殊性格的形成产生过重要影响的人和事件等情况进行调查。

第四,及时处理原则。少年法庭在保证办案质量和社会效果的前提下,很重视案件的及时处理,以保证无罪的未成年人和被判处非监禁刑罚的未成年犯能尽早重返社会;或者使判处监禁刑罚的未成年犯得到及时教育、矫正。

第五,寓教于审、惩教结合的原则。这是我国少年刑事审判制度的核心,它充分体现了中国少年刑事审判制度的特色。少年法庭针对每个未成年被告人的特点，像医生对待病人一样，像教师对待学生一样，像父母对待子女一样，满腔热忱地去帮助他们，认真细致地做好感化工作。把教育贯彻于诉讼活动的始终。

一般地，未成年人犯罪案件移送人民法院后，少年法庭在进行全面核查、了解情况的基础上，要对被告人进行实事求是的教育，以消除未成年被告人的恐惧心理和抵触情绪，使被告人敢于向法院陈述指控与实际不符之处，免受错误追究，并保证审判活动的顺利进行。

少年法庭开庭时要求审判人员以诚恳的态度、温和的语调、通俗易懂的语言进行审理，注意和缓法庭气氛，严格禁止对未成年被告人进行训斥、讽刺、威胁和刑讯，严格禁止逼供、诱供。

法庭调查、辩论阶段结束后，少年法庭又增加了一个教育阶段，法官们应根据未成年人智力发育程度和心理状态，注重疏导，因人施教。案件判决时，审判人员要充分说明判决所依据的事实与法律，讲清道理。对于即将送交执行的未成年罪犯，要对他们进行认罪服法、接受改造的教育。

送交执行以后，少年法庭一方面对他们进行跟踪教育，定期或不定期去少年管教所了解他们改造的情况，协助少年管教所做好帮教、改造工作。另一方面，还敦促少年犯的家属按时去探视，使少年犯重新获得家庭的关怀，增强改造信心。

对于被判处缓刑、管制等的未成年罪犯，少年法庭还要协助有关单位和基层组织，了解他们的生活、工作、学习情况，及时进行帮助和教育。

我国《刑法》第 14 条规定，对已满 14 岁不满 18 岁的人犯罪应当从轻或者减轻处罚；第 44 条还特别规定，犯罪的时候不满 18 岁的人一律不适用死刑。这与《北京规则》的有关规定是一致的。少年法庭在量刑上充分考虑到，未成年犯既是社会秩序的侵害者，又是社会不良环境影响的受害者。

对于构成犯罪的未成年人，以事实为根据，以法律为准绳，予以适当的惩罚是必要的。不惩罚就会放纵犯罪，不利于教育未成年人，不利于维护社会的秩序。但是，未成年人又有其特殊性。如：身心发育还未完全成熟，缺乏辨别能力，犯罪的主观恶性一般较小，可塑性大，等等。因此对他们的处罚较之成年人都应当依法从轻或者减轻，适用刑罚要立足于教育，处罚是手段，教育才是目的。

对那些平时表现好、罪行不严重的初犯、偶犯、从犯，或者是确有悔改、立功表现的未成年犯，能不动用刑罚的就不必判刑；必须判刑的，能不收监的就尽量不要收监，采取其他方法，比如判处缓刑、管制等，尽可能把对未成年犯人身自由的限制保持在最低限度。对于犯罪情节轻微，不需要判处刑罚的未成年犯，还可以根据案件的不同情况，选择采用训诫或者责令具结悔过、赔礼道歉、赔偿损失等非刑罚方法予以处理，或者由主管部门予以行政处分，将他们放在社会上监督改造，使他们获得重新就学、就业的机会，鼓起重新做人的勇气。

未成年人犯罪是一个涉及面很广的社会问题，其产生的原因是多方面的，可以说是一种"社会综合症"，必须依靠全社会的力量，实行综合治理。正如《联合国预防少年犯罪准则》第 2 条所指出的：要成功地预防少年违法犯罪就需要整个社会进行努力。

目前，在我国很多地方公安、检察、司法行政机关已经建立与少年法庭互相配套的工作体系，共同致力于未成年犯的预防、矫治工作。公安机关对于羁押的未成年人犯，实行与成年人分管、分押，并成立未成年人案件预审组，采用适合未成年人生理、心理特点的方式进行讯问；人民检察院成立未成年人案件起诉组，公诉人在庭审中注意将揭露犯罪与寓教于追诉融为一体；律师事务所设置未成年人刑事案件专职律师，专门从事维护未成年人诉讼权利与合法权益的工作。

我国对犯罪的未成年人采取保护性教育改造措施，对已满 14 周岁不满 18 周岁、犯罪情节严重的未成年罪犯，专设少年管教所进行管教，不和成年罪犯关押在一起，以避免他们互相影响，交叉感染，染上更多的恶习。少年管教所要求环境整洁、优美，各项设施完备，贯彻执行"以教育改造为主，轻微劳动为辅"的方针，坚持半天学习、半天劳动的制度，还设立专职人员对未成年罪犯进行文化、法制、劳动技能教育，为他们回归社会创造条件。

少年管教所是我国矫治青少年罪犯的学校式的场所。少年犯服刑期满后，少管所积极同学校或者劳动就业部门联系，力求妥善解决刑满释放后的安置问题，使少年犯重返社会后能够开始正常的生活。长期以来，我国少年管教所在改造少年罪犯方面做了大量工作，取得了显著的成果。我们希望参加会议的代表们在适当的时候能到我们的少年管教所进行实地参观、考察和指导。

刑法法规篇

最高人民法院《关于办理未成年人刑事案件适用法律的若干问题的解释》

（1995 年 5 月 2 日）

一、关于确定未成年人刑事责任的年龄

未成年人犯罪，是指已满 14 岁不满 18 岁的人实施了法律规定的犯罪行为。实施犯罪时的年龄，一律按照公历的年、月、日计算。过了周岁生日，从第二天起，为已满××周岁。

审理未成年人刑事案件，应当把被告人犯罪时的年龄作为重要事实予以查清。法律文书中要写明未成年被告人出生年、月、日。对于未成年被告人犯罪时的年龄没有查清，而又关系到应否追究刑事责任和判处何种刑罚的公诉案件，应当退回人民检察院补充侦查。

二、关于《刑法》第 14 条第 2 款的适用

根据《刑法》第 14 条第 2 款规定，已满 14 岁不满 16 岁的人，犯杀人、致人重伤、抢劫、放火、惯窃罪或者其他严重破坏社会秩序罪，应当负刑事责任。具体确定已满 14 岁不满 16 岁被告人的刑事责任，应根据案件情况慎重考虑。

（一）已满 14 岁不满 16 岁的人被胁迫、诱骗参与犯罪，被教唆犯罪，或者属于犯罪预备、中止、未遂，情节一般的，可以免除处罚或者不认为是犯罪。

（二）以下情形，可以不认为是犯罪：

1、已满 14 岁不满 16 岁的人出于以大欺小，以强凌弱，使用语言威胁或者使用轻微暴力强行索要其他未成年人的生活、学习用品或者钱财的；

2、已满 14 岁不满 16 岁的人盗窃财物，数额刚达到或者略过"数额巨大"标准，而其他情节轻微，又系初犯或者偶犯的；盗窃近亲属的财物，其亲属不要求对被告人定罪处罚的；

3、已满 14 岁不满 16 岁的人偶尔与幼女发生性行为，情节轻微、尚未造成严重后果的。

（三）未成年人在年满 14 岁以前和已满 14 岁不满 16 岁期间都实施了

《刑法》第14条第2款规定的犯罪行为，应当对其已满14岁不满16岁期间实施的行为追究刑事责任，而不应将年满14岁以前实施的行为作为犯罪一并追究。

未成年人在年满16岁前后都实施了《刑法》第14条第2款规定以外的其他犯罪行为，应当对其年满16岁以后的行为追究刑事责任，而不应把年满16岁以前实施的行为作为犯罪一并追究。

三、关于对未成年罪犯刑罚的适用

对未成年罪犯适用刑罚应当坚持"教育为主，惩罚为辅"的原则。

（一）剥夺政治权利刑的适用

对犯严重破坏社会秩序罪的未成年罪犯，除依法判处无期徒刑、死刑缓期执行的以外，一般不附加判处剥夺政治权利刑。

对于未成年罪犯，不应单独适用剥夺政治权利刑。

（二）从轻、减轻处罚的适用

对未成年罪犯依法从轻处罚，应当在法定刑范围内判处相对较轻的刑种或者相对较短的刑期；依法减轻处罚，应当在法定最低刑以下判处刑罚。

在具体量刑时，不但要根据犯罪事实、犯罪性质和危害社会的程度，还要充分考虑未成年人犯罪的动机、犯罪时的年龄，是否初犯、偶犯或者惯犯，在共同犯罪中的地位和作用等情节，以及犯罪后有无悔罪、个人一贯表现等情况，决定对其适用从轻还是减轻处罚和从轻或者减轻处罚的幅度，使判处的刑罚有利于未成年罪犯的改过自新和健康成长。

（三）缓刑的适用

对于被判处拘役、3年以下有期徒刑的未成年罪犯，犯罪后有悔罪表现，家庭有监护条件或者社会帮教措施能够落实，认为适用缓刑确实不致再危害社会的，应当适用缓刑。

有下列情形之一的，一般不宜适用缓刑：惯犯、有前科或者被劳动教养2次以上的；共同犯罪中情节严重的主犯；犯罪后拒不认罪的。

（四）免予刑事处分的适用

未成年罪犯中的初犯、偶犯，如果罪行较轻，悔罪表现好，并具有下列情形之一的，一般应适用《刑法》第32条的规定免予刑事处分：预备犯、中止犯、防卫过当、避险过当、共同犯罪中的从犯、胁从犯，以及犯罪后自首或者有立功表现的。对免予刑事处分的，可予以训诫或者责令具结悔过、赔礼道歉、赔偿损失，或者建议有关主管部门给予行政处分。

（五）对未成年罪犯的减刑、假释

1. 未成年罪犯认罪服判，遵守教育改造规范，积极学习文化和生产技能，可以视为"确有悔改表现"。未成年罪犯确有悔改或者立功表现的，人民法院应当及时予以减刑；被判处拘役、有期徒刑宣告缓刑的未成年罪犯，认罪悔罪，并有真诚悔罪的实际行动，也可予以减刑，同时相应地缩减缓刑考验期。

2. 被判处死刑缓期执行的未成年罪犯，2 年期满，符合减刑条件的，应即减为 15 年以上 20 年以下有期徒刑。

被判处无期徒刑的未成年罪犯，在服刑期间确有悔改或者立功表现的，可以减为 15 年以上 18 年以下有期徒刑；对确有悔改并有立功表现的，可以减为 10 年以上 15 年以下有期徒刑。

被判处有期徒刑的未成年罪犯，在服刑期间确有悔改或者立功表现，一般一次可以减 1 年 6 个月以下有期徒刑；如果确有悔改并有立功表现，一般一次可以减 2 年 6 个月以下有期徒刑。对确有悔改并有重大立功表现的，可以不受上述减刑期限的限制。

对未成年罪犯减刑时，原判附加剥夺政治权利的刑期可以一并酌减，但酌减后的剥夺政治权利的期限，最短不得少于 6 个月。

3. 对被判处无期徒刑的未成年罪犯，一般执行 1 年 6 个月以上方可减刑；对被判处有期徒刑的未成年罪犯，一般执行 1 年以上方可减刑；两次减刑之间一般以间隔 6 个月以上为宜。对有重大立功表现的，可以不受上述规定时间的限制。对未成年罪犯减刑后，符合假释条件的，可予以假释。

4. 未成年罪犯在服刑期间确有悔改表现，不致再危害社会，接受教育改造表现突出的，可以适用《刑法》第 73 条关于"特殊情节"的规定予以假释。但对犯罪集团的首要分子、主犯、惯犯、累犯和罪行特别严重的未成年罪犯假释，应当从严掌握。

5. 被判处有期徒刑以上刑罚的未成年罪犯，在服刑期间已成年，但依照《中华人民共和国监狱法》第 76 条的规定，因余刑不满 2 年继续留在未成年犯管教所执行刑罚的，对其减刑、假释，仍然可以适用对未成年罪犯的从宽标准。

四、关于未成年人刑事案件附带民事诉讼的赔偿范围、原则

未成年人刑事案件附带民事诉讼的赔偿范围、原则与成年人刑事案件相同。赔偿责任一般应当由未成年被告人的监护人承担。未成年被告人有个人财产的，应当由本人承担赔偿责任，不足部分由监护人予以赔偿，但单位担任监护人的除外。

五、关于《全国人民代表大会常务委员会关于处理逃跑或者重新犯罪的劳改犯和劳教人员的决定》（以下简称《决定》）的适用问题

已满 14 岁不满 18 岁的未成年罪犯，逃跑后或者刑满释放后重新犯罪时已满 18 岁的，应当适用《决定》处罚；重新犯罪时不满 18 岁的，一般不适用《决定》。

未成年的劳教人员解除劳动教养后 3 年内或者逃跑后 5 年内犯罪，如果犯罪时已满 18 岁的，应当适用《决定》；如果犯罪时仍不满 18 岁的，一般不适用《决定》。

因不满 16 岁不处罚由政府收容教养的未成年人，在收容教养期间逃跑或者重新犯罪的，不适用《决定》。

《公安机关办理未成年人违法犯罪案件的规定》

（公安部 1995 年 10 月 23 日颁布实施）

第一章 总 则

第一条 为了保护未成年人的合法权益，有利于教育、挽救违法犯罪的未成年人，严格依法办理未成年人违法犯罪案件，根据《中华人民共和国未成年人保护法》及其他有关法律规定，制定本规定。

第二条 办理未成年人违法犯罪案件，必须以事实为根据，以法律为准绳，贯彻"教育、感化、挽救"的方针，应当照顾未成年人的身心特点，尊重其人格尊严，保障其合法权益。

第三条 办理未成年人违法犯罪案件，应当对违法犯罪未成年人进行法制宣传教育，主动向其提供法律咨询和帮助，并明确告知其依法享有的权利和应当承担的义务。

第四条　办理未成年人违法犯罪案件，严禁使用威胁、恐吓、引诱、欺骗等手段获取证据。严禁刑讯逼供。

第五条　办理未成年人违法犯罪案件，应当保护未成年人的名誉，不得公开披露涉案未成年人的姓名、住所和影像。

第六条　公安机关应当设置专门机构或者专职人员承办未成年人违法犯罪案件。办理未成年人违法犯罪案件的人员应当具有心理学、犯罪学、教育学等专业基本知识和有关法律知识，并具有一定的办案经验。

第七条　本规定是办理未成年人违法犯罪案件的特别规定。规定中未涉及的事项，适用有关法律、法规的规定。

第二章　立案调查

第八条　未成年人违法犯罪案件是指：

（一）已满14岁不满18岁的人犯罪，需要追究刑事责任的案件；

（二）《中华人民共和国刑法》第14条第4款规定由政府收容教养的案件；

（三）已满16岁不满18岁的人予以劳动教养的案件；

（四）已满14岁不满18岁的人违反治安管理规定，予以治安处罚的案件；

（五）18岁以下未成年人的收容教育案件；

（六）18岁以下未成年人强制戒毒案件。

第九条　公安机关对被扭送、检举、控告或者投案自首的违法犯罪未成年人，必须立即审查，依法作出是否立案的决定。

第十条　对违法犯罪未成年人的讯问应当采取不同于成年人的方式。讯问前，除掌握案件情况和证据材料外，还应当了解其生活、学习环境、成长经历、性格特点、心理状态及社会交往等情况，有针对性地制作讯问提纲。

第十一条　讯问违法犯罪的未成年人时，根据调查案件的需要，除有碍侦查或者无法通知的情形外，应当通知其家长或者监护人或者教师到场。

第十二条　办理未成年人违法犯罪案件，不得少于2人。对违法犯罪未成年人的讯问可以在公安机关进行，也可以到未成年人的住所、单位或者学校进行。

第十三条　讯问违法犯罪的未成年人时，应当耐心细致地听取其陈述或者辩解，认真审核、查证与案件有关的证据和线索，并针对其思想顾虑、畏惧心理、抵触情绪进行疏导和教育。

第十四条　讯问应当如实记录。讯问笔录应当交被讯问人核对或者向其宣读。被讯问人对笔录内容有异议的，应当核实清楚，准予更正或者补充。必要时，可以在文字记录的同时使用录音、录像。

第三章　强制措施

第十五条　办理未成年人违法犯罪案件，应当严格限制和尽量减少使用强制措施。

严禁对违法犯罪的未成年人使用收容审查。

第十六条　对不符合拘留、逮捕条件，但其自身安全受到严重威胁的违法犯罪未成年人，经征得家长或者监护人同意，可以依法采取必要的人身保护措施。危险消除后，应当立即解除保护措施。

第十七条　对正在实施犯罪或者犯罪后有行凶、逃跑、自杀等紧急情况的未成年被告人，可以依法予以拘留。

第十八条　对惯犯、累犯，共同犯罪或者集团犯罪中的首犯、主犯、杀人、致人重伤、抢劫、放火等严重破坏社会秩序的未成年被告人，采取取保候审、监视居住等方法，尚不足以防止发生社会危险性，确有逮捕必要的，应当提请逮捕。

第十九条　拘留、逮捕后，应当在 24 小时内，将拘留、逮捕的原因和羁押的处所，通知其家长、监护人或者所在学校、单位。有碍侦查或者无法通知的情形除外。

第二十条　办理未成年人违法犯罪案件，对未成年在校学生的调查讯问不得影响其正常学习。

第二十一条　对于被羁押的未成年人应当与成年人犯分别关押、管理，并根据其生理和心理特点在生活和学习等方面给予照顾。

第二十二条　办理未成年人犯罪案件原则上不得使用戒具。对确有行凶、逃跑、自杀、自伤、自残等现实危险，必须使用戒具的，应当以避免和防止危害结果的发生为限度，现实危险消除后，应当立即停止使用。

办理未成年人违法案件严禁使用戒具。

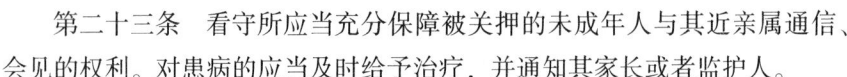

第二十三条 看守所应当充分保障被关押的未成年人与其近亲属通信、会见的权利。对患病的应当及时给予治疗，并通知其家长或者监护人。

第二十四条 对未成年人违法犯罪案件，应当及时办理。对已采取刑事强制措施的未成年人，应尽量缩短羁押时间和办案时间。超过法定羁押期限不能结案的，对被羁押的被告人应当立即变更或者解除强制措施。

第四章 处 理

第二十五条 案件办理终结，应当对案情进行全面的分析，充分考虑未成年人的特点，从有利于教育、挽救未成年被告人出发，依法提出处理意见。

对违法犯罪未成年人的处理，应当比照成年人违法犯罪从轻、减轻或者免除处罚。

第二十六条 对移送人民检察院审查起诉的未成年人犯罪案件，应当同人民检察院的未成年人犯罪案件检察机构和人民法院的未成年人犯罪案件审判机构加强联系，介绍被告人在侦查阶段的思想变化、悔罪表现等情况，以保证准确适用法律。

第二十七条 对违反治安管理的未成年人，应当尽量避免使用治安拘留处罚。对在校学生，一般不得予以治安拘留。

第二十八条 未成年人违法犯罪需要送劳动教养、收容教养的，应当从严控制，凡是可以由其家长负责管教的，一律不送。

第五章 执 行

第二十九条 对在公安机关关押执行的违法犯罪未成年人，执行的公安机关应当进行法制教育和思想教育，做好挽救工作，坚持依法管理，文明管理，严禁打骂、虐待和侮辱人格。

执行的公安机关对表现突出或者有立功表现的被执行人，应当及时向原决定机关提出减轻处罚、提前予以释放的意见。

第三十条 对被管制、缓刑、假释、保外就医、劳动教养所外执行的违法犯罪未成年人员，执行的公安机关应当及时组成由派出所，被执行人所在学校、单位、街道居民委员会、村民委员会、监护人等参加的教育帮助小组，对其依法监督、帮教、考察，文明管理，并将其表现告诉原判决或者决定机关。对表现好的，应当及时提出减刑或者减少教养期限的意见。

第三十一条 执行的公安机关应当针对违法犯罪未成年人员的特点和违法犯罪性质制定监督管理措施，建立监督管理档案，并定期与原判决、决定机关及其所在学校或者单位联系，研究落实对其监督、帮教、考察的具体措施。

第三十二条 对于执行期满，具备就学或者就业条件的未成年人，执行的公安机关应当就其就学、就业等问题向有关部门介绍情况，提供资料，提出建议。

第六章 附 则

第三十三条 本规定自印发之日起施行。

《最高人民法院、司法部关于刑事法律援助工作的联合通知》

（1997年4月9日）

各省、自治区、直辖市高级人民法院、司法厅（局），解放军军事法院：

为顺利实施《中华人民共和国刑事诉讼法》有关法律援助的规定，最高人民法院、司法部就有关刑事审判中的法律援助程序、各级人民法院同所在地的法律援助机构的工作衔接等有关事项通知如下：

一、人民法院指定辩护的刑事法律援助案件，由该人民法院所在地的法律援助机构统一接受并组织实施；尚未设立法律援助机构的地方，由人民法院所在地的同级司法行政机关接受并组织实施。

二、法律援助机构或者司法行政机关接到指定辩护通知书和起诉书副本后，对刑事被告人是盲、聋、哑、未成年人、可能被判处死刑而没有委托辩护人的，应于3日内指派承担法律援助义务的律师提供辩护。

三、对刑事被告人符合当地政府规定的经济困难标准，人民法院认为需要指定律师为其提供辩护的刑事案件，法律援助机构或者司法行政机关应于收到指定辩护的通知书3日内，指派承担法律援助义务的律师提供辩护。

四、对人民法院根据案情认为确需律师辩护、符合下列条件的刑事被告人，法律援助机构或者司法行政机关应于接受人民法院指定辩护 3 日内，指派承担法律援助义务的律师提供辩护：

（一）本人确无经济来源，其家庭经济状况无法查明的；

（二）本人确无经济来源，其家属经多次劝说仍不愿为其承担辩护律师费用的；

（三）共同犯罪案件中，其他被告已委托辩护人，而该被告没有委托辩护人的；

（四）外国籍被告人没有委托辩护人的；

（五）案件有重大社会影响的；

（六）人民法院认为起诉意见和移送的案件证据材料有问题，有可能影响法院正确定罪量刑的。

五、人民法院对需要指定辩护的案件，应在开庭 10 日以前，将指定辩护律师通知书和人民检察院的起诉书副本送交所在地的法律援助机构或者同级司法行政机关。同时，附送被告人符合法定或者本通知规定的法律援助条件的情况说明或经济困难的证明材料。

六、接受承办法律援助事务的辩护律师征得刑事被告人同意后，即可依照《刑事诉讼法》的有关规定履行辩护职责。

七、人民法院应当积极支持律师行使辩护职能所开展的法律援助工作，为其提供查阅、摘抄、复制本案所指控的犯罪事实的材料及同在押的被告人会见和通信等方面的便利条件。